Maradona, un mito plebeyo

MARADONA, UN MITO PLEBEYO

ANTONIO GÓMEZ VILLAR (ed.)

© Antonio Gómez Villar, 2021 y de los autores

Cubierta: Vanina de Monte

Primera edición, octubre 2021

Derechos reservados para todas las ediciones en castellano

© Ned ediciones, 2021

Preimpresión: Fotocomposición gama, sl

ISBN: 978-84-18273-46-9
Depósito legal: B 13708-2021

Impreso en Sagrafic

Impreso en España
Printed in Spain

La reproducción total o parcial de esta obra sin el consentimiento expreso de los titulares del *copyright* está prohibida bajo el amparo de la legislación vigente.

Ned Ediciones
www.nedediciones.com

ÍNDICE

La lucha de clases por otros medios, Antonio Gómez Villar... 11

Un duelo popular, el *de cada uno* de los que lo lloran.. 21
El 10, Jorge Alemán 23
Todos los duelos, un duelo (o hacerle gambeta al universal),
  Ana Cecilia González............................. 25
Tierra en la boca, Manuela Bergerot y Carolina Meloni.. 30
Una ofrenda para el altar, Lilia Parisí y Verónica Lahitte. 35
El dragón en su cueva, Julián Melo..................... 39
Maradona, simbionte de la plebe, Raimundo Viejo Viñas. 44
La Maradona de Proust, Jorge Moruno.................. 50
Maradona es Dios: ¿monoteísta o pagano?, Javier Franzé. 54
Maradona: el más cualquiera de todos nosotros, Javier
  López Alós 60

Gambetas desde los feminismos plebeyos 67
¿Feministas maradonianas? Sí, y qué, Luciana Cadahia... 69
Maradona, racismo y heterosexualidad obligatoria,
  Adriana Carrasco 73
¿Por qué queremos tanto al Diego si somos feministas?,
  Nadia Fink, Lisbet Montaña Erazo y Camila Parodi. 79
Si no puedo llorar no es mi revolución, Noe Gall......... 86
Maradona, la gambeta que no pudo evitar el purismo
  interseccional, José Romero Losacco 91

Un legado sensible: la inversión del cuerpo 99
Orfandad y gloria, Horacio González 101

Un ángel plebeyo, Diego Sztulwark 107
Maradona, último libertador onírico del mundo colonial,
    Emiliano Sacchi. 111
Lágrima y lágrima en la polvareda, Ezequiel Zaidenwerg. 118
Un D10s silvestre, Leandro Barttolotta 124
Mi Diego, Rodrigo Márquez Tizano 129
El camino del héroe, Maximiliano Crespi. 132
Diego Maradona y el sentido de la praxis, Raúl Andrés
    Cuello. 137
La agonía diferida. El fútbol como forma de exterioridad,
    Ivan Flores 141
El deslenguado: desequilibrante y desequilibrado, Santiago
    Slabodsky 149
Maradona ha muerto, se nos murió el fútbol, Luis Felipe
    Oyarzún Montes. 156
La muerte del dios plebeyo, Malvina Silba 161
Imágenes Maradona, Gustavo Varela. 167

Mito y afecto plebeyo. 173
«Maradoo», la imagen de un niño plebeyo, Óscar Ariel
    Cabezas 175
Maradona: epopeya y lírica de lo cotidiano, Ángel Enrique
    Carretero Pasin 185
Los hilos de lo extraordinario, Giuliana Mezza 192
El plus Maradona, Javier Franzé 195
Teología política de D10S, Juan Domingo Sánchez Estop 202
No eres tú (Maradona), soy yo (la política), José Enrique
    Ema López 208
Maestros: pases e impases en la formación, Roque Farrán . 214
Querido Diego, Duen Sacchi. 220

Poéticas y estéticas del Sur............................ 225
El duende de Maradona (por una estética del Sur), Jordi
   Carmona Hurtado 227
Bestiario V: Un monstruo monstruoso, Pedro G. Romero . 232
Y Maradona llegó a Sevilla, Gerardo Tecé 239
Un debate flamenco y maradoniano, Pastora Filigrana.... 244
Maradona, populista, Daniel Gamper 249

LA LUCHA DE CLASES POR OTROS MEDIOS

Antonio Gómez Villar,
profesor de Filosofía en la Universitat de Barcelona

> *No escribo sólo con la mano: el pie siempre quiere escribir también. Firme, libre y valiente corre ya por el campo, ya por el papel.*
>
> F. Nietzsche, *La gaya ciencia*

El fútbol es una suerte de protesta con los pies, un momento de suspensión del trabajo manual. La tradición burguesa siempre consideró la mano el instrumento privilegiado de la civilización, posibilidad de toda habilidad. El espíritu burgués calcula, controla y clasifica; hace el cuerpo inteligible, lo subordina a formas de comportamiento uniformes y predecibles, introduce la regularidad y el automatismo. La cultura burguesa siempre fue racionalizada, domesticada, disciplinante, sublimación de la carga pulsional. Y desde este marco de sentido, la mano siempre ha sido considerada formal, racional y abstracta, un lugar del orden. El pie, en cambio, siempre fue señalado como lo más indócil, irracional, intuitivo e instintivo. La mano remite a un principio de higiene, siempre aseada; el pie, por su parte, se apoya en el suelo, en el barro, siempre sucio. Por eso otorgar poder a los pies es pretender una habilidad antinatural. Jugar con los pies es una invención poética, un misterio. Tal es la singularidad del fútbol: a diferencia de otros deportes, se juega con el pie.

Sin embargo, jugar al fútbol tiene mucho de cálculo geométrico. Es una lucha de formas geométricas en movimiento. Se juega con la geometría, ciencia y cálculo en movimiento. Se dice que un buen entrenador es aquel que logra dar forma a su equipo hasta hacerlo reconocible. Para preparar bien un partido, se estudia al rival, se determina una posición táctica y se analiza cómo ocupar y controlar el espacio, una operación muy similar a la cuadriculación militar del espacio. El entrenador Luis Enrique dice que jugar al fútbol es imaginar triángulos por el campo, figura que posibilita siempre al menos dos opciones de pase. Por eso el pase nunca es causa, sino consecuencia de movimientos infinitos. Cuantos más movimientos, las opciones de pase se multiplican.

Tal destreza se ensaya en los entrenamientos a través de los *rondos*, jugadores dispuestos en un círculo para dar y recibir la pelota sin que el jugador que está en el centro logre tocarla. No es casualidad que sea en forma de círculo, pues es sabido que era la figura geométrica más perfecta para los griegos, la armonía entre el todo y sus partes, la eterna repetición del tiempo, la permanencia de lo estático. Lo escribió Platón en el *Timeo*: «Por esto redondeó el mundo hasta hacer de él una esfera [...] que es la más perfecta de las figuras». No deja de ser curioso que aprendamos a jugar en círculos en el interior de un rectángulo de juego, una particular cuadratura del círculo.

Los sistemas tácticos que emplean los entrenadores suelen reproducir las formas de división del trabajo, un reparto de funciones específicas dependiendo del lugar que se ocupa en el campo. Es una suerte de cadena de montaje sobre el césped. Si Marx me lo permite, diría que el diseño de una *alineación* es fuente de *alienación*. Frente al círculo como figura del orden de lo cerrado, contraponían los griegos el caos representado por el punto aislado y la línea, siempre imperfecta. Y así es como muchos recuerdan el histórico gol de Maradona a Inglaterra en los cuartos de final de México 86, trazando una infinita línea recta. Sobre una pretendida geometría perfecta, irrumpe el barrilete cósmico, cual línea de fuga, abriendo el espacio fugándose. El gol de Maradona no se puede enseñar. Escapa de lo calculable, desautomatiza el gesto, excede lo esperado, lo desborda. Rompe la pragmática del fútbol, juega inventando la manera de jugar.

Su gesto encierra un misterio, y no sólo el misterio de jugar con los pies, también el misterio de lo plebeyo. Eso instintivo del pie de Diego Armando Maradona actúa como inconsciente colectivo plebeyo. Es un gesto que resuena en toda experiencia popular. El fútbol del Diego no es, como se suele repetir, la simple continuación de la guerra por otros medios. Diego nos convoca a un combate simbólico diferente: la continuación de la lucha de clases por otros medios. Su fútbol es una forma de geometría variable, haciendo figura con lo asimétrico de todo gesto plebeyo. Los discursos del *statu quo* siempre entienden el conflicto desde una simetría perfecta, desde la igualdad de los individuos como punto de partida, manera privilegiada de neutralizar la política. El conflicto plebeyo, en cambio, está marcado siempre por una asimetría esencial, negando la existencia de campos políticos simétricos.

El mito Maradona no deja de ser una expresión de rechazo del trabajo. No hay en él interiorización de la ética del trabajo, ni ideal ascético puritano como virtud moral estricta. No hay repetición ni mímesis productiva. No hay ahorro ni administración en su juego, sino despilfarro y ociosidad, atracción por el exceso, momentos de subversión de lo instituido. Su fútbol es una continua gambeta a lo productivo. Aunque inserto en la industria del fútbol, y por ello mismo sujeto a las exigencias de cierta disciplina laboral y racionalidad productiva, Diego no se deja atrapar del todo, hay siempre un resto que no puede ser leído en términos de utilidad, ni de capitalización o rendimiento, sino como insurrección permanente, despreocupada alegría, insubordinación y rebelión.

Chaplin nos revelaba en *Tiempos modernos* hasta qué punto el hombre mismo, para poder seguir el ritmo de la máquina, debía actuar como máquina, hacerse émbolo o palanca. Pero Charlot, como Maradona, escapa a todo, a los industriales que quieren esclavizarlo, controlar al individuo, domesticarlo para que sea productivo. Chaplin filmó los «tiempos modernos» de la pobreza, pero vinculó al pobre con una vida y una productividad liberada. El fútbol de Maradona siempre tuvo algo de *wildcat* (huelga salvaje), formas no sometidas a la disciplina, a la responsabilidad y la representación. Un acto de insubordinación política, de sabotaje contra los ritmos del trabajo. Maradona sólo triunfó en el Sur, en su Argentina natal y en su Argentina meditada, y en Nápoles. Y dicen que en el Norte se perdió. En Barcelona lo encontró todo menos el *seny*. Justamente porque careció de él, por ser icono del exceso y biografía siempre contradictoria, por las miserias que pisan siempre los pies en el barro, es que el Diego es un mito plebeyo.

Su rechazo del trabajo no es negación de la creatividad, sino expresión del repudio a una relación de explotación. Sus gambetas son la afirmación de la fuerza productiva proletaria y la negación de las relaciones capitalistas de producción. Contra la sumisión del fútbol a un trabajo repetitivo y cadente, reclama el orgullo de oficio, la apertura de un devenir, de posibilidades de creación. En cada jugada de Maradona no nos encontramos sólo con el contenido de lo que hace y su cosificación para las eternas estadísticas (número de goles, número de pases, número de asistencias, etc.), sino con el acontecimiento mismo de vivir el fútbol de una manera bien distinta.

Quizás el fútbol nació como un acto de holgazanería. Convengamos que hay pereza en el acto de querer agacharse a coger la pelota con las manos. Jugando en el Sevilla, en un partido contra el Zaragoza, Maradona se dirigía a sacar un córner. De camino, se encontró una diminuta pelota de aluminio sobre el césped que minutos antes bien probablemente envolvía el bocata de algún aficionado. En un acto de suspensión del cumplimiento de la tarea burocrática —sacar un córner, qué pereza— , Maradona no se agacha a coger la bolita de aluminio y sacarla del campo, sino que levanta la pelotita con la punta de la bota derecha —la menos buena, para más *inri*— y le dio varios toques antes de sacarla del terreno de juego con un taconazo. El público se puso en pie y aplaudió el gesto inesperado como si de un gol se tratase.

Messi y Cristiano Ronaldo han representado en los últimos años el prototipo del cuerpo como engranaje, máquina de la producción capitalista, ortopedia del fútbol. Es un fútbol que pertenece al orden del deber ser. Habitan el espacio/tiempo como si justo antes de cada partido hubiesen leído la *Crítica de la razón pura*. Es cierto que Messi es un producto de la calle tanto como Cristiano Ronaldo lo es del gimnasio. Y es cierto que el gimnasio contiene el orden; y la calle la picardía, lo imprevisto y la espontaneidad. Pero Messi, aun habiendo crecido en la calle, parece mudo, nunca habla. Y a los pueblos nunca les gustó la mudez. De Maradona, en cambio, siempre se dijo que era un «bocón». Maradona desvaloriza y suspende el tiempo, le da otra densidad, nos arranca de la temporalidad ordinaria, es un pibe de la calle. Por eso Messi nunca será un pibe.

Ahí reside el mito Maradona. Las identidades políticas siempre se construyeron a través de mitos, de imágenes, de dispositivos simbólicos. Las formas culturales crean significados y símbolos referidos a bases materiales encarnadas siempre en un cuerpo. Cualquiera de nuestras ideas o valores tiene una relación mucho más estrecha con una identidad ideal o imaginada, con imaginarios creados a través de identificaciones simbólicas más que con la convicción vivida. Pertenecen a la esfera de nuestra imaginación, pero, como bien postulaba Cornelius Castoriadis, la imaginación no es fantasía, sino «materia ensoñada».

Un mito no es lo opuesto a una verdad. Un mito es lo que vehicula, forja y funda una verdad. Un mito no es ni verdadero ni falso. Crea o no crea. Los mitos nos remiten a las poéticas necesarias para expresarnos, a las narrativas que cambian imaginarios, a las superficies de inscripción catalizadoras de afectos, soportes para expresar los afectos compartidos de comunidad. Como bien sabía George Sorel, los mitos tienen una función movilizadora, operan como energía identificadora. Por eso al Diego no se le puede tener, pero se le verifica en los afectos.

Maradona no es sólo una operación ligada a los contenidos imaginarios que introduce, sino a todo aquello que tal operación habilita y posibilita simbólica y materialmente. Digámoslo ya, el Diego es nuestro malestar transformado en obra. El mito Maradona es un modo de concreción de una verdad de lo plebeyo. Y como toda verdad plebeya es una verdad contradictoria. El *horror vacui* que anunciaban las imágenes de su funeral no es el horror de la alineación, de la masa embrutecida, sino el horror de sabernos en una época carente de nuevos mitos que expresen lo plebeyo. La erradicación de las formas simbólicas y de los universos míticos ha sido siempre el eje de todo proyecto racionalizador. Maradona fue un dique de contención contra el desencantamiento del mundo. No un ansiolítico para negar nuestra realidad, sino una capacidad de desdoblarla, transformando el desencantamiento del mundo que siempre jugó a favor de los de arriba. Por eso su dimensión no es histórica sino mítica.

Antonio Gramsci, en su texto *La cuestión meridional*, consideraba que las fiestas religiosas no son un síntoma de sumisión, sino significados de deseo de otra vida y otro mundo. Algunos dicen que el fútbol, como la religión, es el opio del pueblo. Y lo desprecian por ser lo propio de masas animalizadas. Pero, paradójicamente, esos mismos querían que Maradona fuese un ídolo inmaculado y perfecto. Pero el Diego es un ídolo salido (literalmente) del barro. Nunca borró su marca de origen, nunca abandonó el campo popular ni lo traicionó. Es la picardía convertida en mito, Diego podría ser cualquiera de nosotros. Como en el teatro de Bertolt Brecht, socializa la experticia sobre el juego. Y murió también como uno de los nuestros. Otros hubieran preferido que muriera como hijo del espectáculo. Maradona fue el vuelo de un pueblo, ayudó a dar sentido a nuestros dolores anudando afectos y simbolizaciones colectivas. Es el misterio de la fe y, por ello, irrepresentable y común a todos. Y a eso lo llamamos pueblo.

La conocida «mano de Dios» no es sólo expresión de picardía, sino impulso de ascensión. Un Maradona secularizado, desacralizado. Es eso sagrado presente en las formas de lo plebeyo. No es que Maradona sea lo sagrado, sino que es la irrupción de lo sagrado, sacralidad laica, irrupción que libera, incorporando otra cosa que no es él mismo. A través de su gesto, nos defendemos de la nada e insignificancia a la que todo orden nos arroja. Esa nada coincide con la etimología de lo plebeyo, de lo proletario. La lógica de lo plebeyo es siempre la de la irrupción, lo que irrumpe. Bien lo sabía Maquiavelo, es la lógica tumultuaria, el conflicto irresoluble, la fundación siempre impropia. Es siempre un momento de inadecuación, de anomalía y conmoción. Qué mejor metáfora podría dar cuenta del cierre de una época y el nacimiento de otra que la imagen de la mano plebeya de Maradona desafiante sobre lo divino frente al nuevo Dios VAR[1] que todo lo ve. De un lado, la expresión popular, siempre desbordante y excesiva; de otro, el límite, la cesura y el recorte. Lucha de clases lo llaman.

Si el Diego es un ídolo, lo es en un sentido dionisíaco, un santo pagano que nos permite experimentar lo infinito, la fiesta lujosa del pueblo, la energía sublimada como exuberancia estética yendo más allá de lo ordinario, alterando la experiencia temporal, suspendiendo el tiempo. Nos convoca a la vida en su forma absoluta, desligada de todo presupuesto, abandonada a su fluir originario. Su fútbol es pura presencia, no representable en cuanto tal. Una miscelánea iconográfica, una poética en su forma, un derroche que excede la eficacia y la mera rentabilidad. Frente al masificador fútbol/engranaje, la potencia expresiva de su carácter dionisíaco, energía (o barrilete) cósmica, expresión de esa nietzscheana «gran razón del cuerpo». Frente al poder

---

1. Video Assistant Referee, el sistema que proporciona asistencia técnica a los árbitros sobre el césped, utilizando para ello las imágenes de cámaras de televisión. [N. del E.].

de la lógica de los sistemas tácticos, cual gramática metafísica trazada en una pizarra, las formas expresivas, la transgresión de lo ordinario. Al Diego, como a Dionisio, no se le puede mirar de cerca, pues uno se convertiría en piedra.

Las autoras y autores que conforman este libro forman parte de diferentes tradiciones políticas; y las reflexiones que contienen sus textos dan cuenta de esa heterogeneidad. No es un libro colectivo al uso, mera yuxtaposición de reflexiones bajo un marco que las alberga. Antes bien, se trata de una hipótesis que se despliega colectivamente. Y esa hipótesis se declina desde diferentes posiciones políticas, a veces más cercanas, otras más distantes y algunas, incluso, irreconciliables. No suele ser muy habitual encontrar que un mismo libro compuesto colectivamente tenga este doble cariz, tanto en lo metodológico como en lo referente a su contenido.

Y creo que es importante decir algo sobre esto último, sobre la capacidad que ha tenido el Diego de reunir aquí a toda esta heterogeneidad inherente al campo político plebeyo. Tal es el carácter «pervasivo» o infiltrante del Diego, que logra «avanzar a través de», «invadir», «penetrar», «cundir». Su gesto plebeyo no sirve para enmarcar una acción colectiva, darle unos contornos y crear una identidad fija, sino que impregna, ilumina, como la marxiana «iluminación general que baña todos los demás colores y modifica su particularidad». Hay siempre una iluminación general que interviene sobre las tonalidades específicas del campo plebeyo, mezclando todos los colores de una época. Y el Diego tiene esa fuerza. Nos ha unido no como líder capaz de guiarnos, sino afianzando lazos de fraternidad; no como el Gran Padre, sino como hermano mayor. Por eso, todos y todas nos hemos sentido algo huérfanos tras su muerte, porque nos convocaba a un vínculo imaginado. Tal es la fuerza del mito Maradona, no se proyectó sobre la particularidad que somos, sino sobre la universalidad por venir. Y creo que este libro da cuenta de ese gesto metonímico. Y también de ese sentimiento de orfandad. Tal es mi deseo y esperanza: que el gesto del Diego se distribuya.

UN DUELO POPULAR, EL *DE CADA UNO* DE LOS QUE LO LLORAN

El 10

Jorge Alemán, *psicoanalista y escritor*

a Víctor Hugo Morales

Por su ética
Nadie como él capto aquel instante con su palabra
No debería escribir sobre el monstruo
Él que silenció de estupor y misterio al Bernabéu incrédulo
    aplaudiendo un gol en su contra
Debería callar sobre mi propio calvario cuando lo vi salir en
    camilla del Nou Camp quebrado por el propio fútbol
    resentido que después promovió su cruz
Debería callar para siempre y no decir nada del último
    ídolo popular
Él que decepcionó a todos los *sponsors*
Y no quiero nombrar su insólito radar captando todas las
    vibraciones del poder como fuerzas del mal
No tendría que hablar de su encuentro con el mentor
    espiritual en Cuba al que le susurró la marcha peronista
    en sus oídos
Para qué hablar del hijo pródigo de Fiorito que bebió el agua
    bendita de la virgen peronista con la sed de su paranoia
Él que se tatuó al Che en su brazo bisexual para redimir a
    los oprimidos por su deseo
Él imposible de manchar en la santidad más alta de la plebe
Él que se vuelve mujer en el pase a Caniggia y lo besa en la
    boca

Él que no durmió nunca esperando su llamada
Él que se inmoló en su aura desorientada
Él que habló con Dios entre los ingleses
No debería escribir sobre el que lloraba un tango sobre el regazo de su madre
Debería ser impronunciable mi devoción estricta cuando caí de rodillas ante mi padre en el Mundial del 86
Santo de los villeros incurables
Retraso sonso de los progres bienpensantes
«Buenjugadordeleznablepersona»
Esos perros vigilantes que no saben que hay cuerpos que nunca se volverán a repetir
Tertulianos del pontificado del tedio
No podría nunca escribir de la Italia que se quebró en su angustia
De la mafia que lo quiso traducir en sus fraseos imposibles
No puedo escribir nada de esa criatura con la que soñé desde siempre
Sólo podría hablar a solas con los que como Él ya no están mientras mis recuerdos pasan entre la magia de sus jugadas.

Todos los duelos, un duelo
(o hacerle gambeta al universal)

Ana Cecilia González, *psicoanalista*

«Se murió Maradona».
Era la hora del almuerzo, el anuncio me dejó en franco estupor. Cinco veces repetí: «Es broma», la reiteración necesaria para que empiece a creerlo. Cinco veces. Los días previos, ante las noticias de su deteriorada salud, había invocado la frase que hace años le escuché a un amigo —quien, dicho sea de paso, también integra este libro—: «El Diego y Charly nos van a enterrar a todos». En eso había querido creer; en su muerte, no, de ninguna manera.

Cinco veces, cuatro Mundiales, una Copa, dos goles, todos los goles, un beso al Cani, diez frases inolvidables, cinco hijos, quien sabe cuántos más, una mujer, y otras tantas, veintiséis canciones y contando... El trabajo de duelo tiene algo de la inexorabilidad de los números, se presentan así, un recuerdo tras otro, una lágrima, luego otra, un conteo moroso que no parece tener fin mientras dura.

El solo hecho de que una lista de Spotify pueda compilar veintiséis canciones, de músicos de todo el mundo y con los estilos más diversos, dedicados a él, debería bastar para advertir el carácter único, radicalmente único, sin eufemismo ni lugar común, de la figura de Maradona. Digo «la figura», como podría decir «el ídolo» o «el mito plebeyo», o cualquier término que deje claro que hay *eso*, y luego la persona que fue Diego Armando Maradona. Pero no lo digo para descartar una y quedarme con la otra, lo relevante es la relación entre ambos, volveré enseguida sobre *eso*.

Retomo el relato donde lo dejé. Ahí estaba, esa tarde en la que el mundo se enrareció para siempre —como cada vez que alguien se va—, repasaba las listas de canciones, entre imágenes de televisión, anécdotas y homenajes en las redes... Hasta que apareció el primer posteo de odio; luego otro, altanero; luego otro, despectivo y burlón; luego otro, moralista hasta la náusea.

Primera constatación: la llamada «cultura de la cancelación» admite variantes feministas, intelectuales, eurocéntricas, moralistas de entrecasa, y me temo que es largo el etcétera. Segunda constatación: sean cuales sean sus ropajes, en todos los casos, el objeto oscuro del odio asoma incontenible y se enarbola *incluso* el derecho de venir a decirnos a quién es legítimo, o no, llorar. Retorsión horrible del ideal, en su ciega tendencia al totalitarismo, a más simplón, más espeluznante. ¡Pero qué se han creído!

Cual caricatura posmoderna de Creonte, la cultura de la cancelación no respeta el duelo, ni tan siquiera por el breve lapso que se tarda en enterrar un muerto. Azorada, me encontré pidiendo, una y otra vez, que al menos respeten ese momento, y discutí fervientemente con una vieja amiga que no pudo dejar de vomitar su desprecio por el dolor popular. Luego vino el penoso debate por el cómo y el dónde del funeral, y mejor no sigo.

Como era de esperar, con la muerte de Maradona se constata lo que sabemos desde Antígona, tal como nos recuerda Judith Butler, y lo decimos parafraseando a otro ídolo popular sin par: *todo duelo es político*.[1]

---

1. «Todo preso es político» es el título de una canción de *Patricio Rey y sus redonditos de ricota*, banda de la contracultura rockera de la ciudad de La Plata

Pero Butler yerra en su apelación reiterada de ampliar el orden simbólico para volverlo más inclusivo, de modo tal que pueda acoger también a los cuerpos abyectos, para que importen por igual. El Universal es otro tonel de las Danaides, y no es por ampliarlo que se sale de la lógica del Todo y la excepción que lo funda, la exclusión es su marca de origen. La cultura de la cancelación lo ilustra a la perfección, pues es el correlato necesario, el reverso siniestro de las buenas intenciones inclusivas. La lógica, como la muerte, es implacable.

De las trampas del universal se sale, al decir de Barbara Cassin, complicándolo, o para rendirle homenaje al Diego, haciéndole una gambeta. Y esto vale para situar mejor el carácter político del duelo y, a la vez, la singularidad del mito Maradona.

A contrapelo del sentido común, si el duelo por la muerte del Diego es político en un sentido amplio no lo es, o al menos no exclusivamente, por su carácter «de masas». Tampoco se trata de inflamar el adjetivo, siempre en disputa, de lo popular. Maradona no es el muerto de todos, evidentemente, tampoco la excepción, es el muerto *de cada uno* de los que lo lloran. No es, «todos los duelos, El duelo», sino, «todos los duelos, *un* duelo». El psicoanálisis enseña que el duelo implica, para cada quien, la pérdida de un objeto singularísimo que, sin embargo, permite engarzarse en el lazo social. Es ocasión de apertura a partir de una pérdida que replica otra, marca inaugural de humanización. Reiteración del prodigio que nos arranca del ensimis-

---

en los años 1970. Devenida de culto durante la década menemista de los años noventa, acabó convirtiéndose en un fenómeno popular sin precedentes, renovado como acontecimiento con cada recital, que reunía a cientos de miles de personas llegadas de todo el país para asistir a la «misa ricotera».

mamiento y nos arroja a la vida en común. Y es por eso que el modo en que le se haga lugar, o no, tiene consecuencias hondas y duraderas para el devenir político de una comunidad.

El duelo es colectivo, pero se dice en primera persona del singular, en la pequeña anécdota con la que cada quien elige recordar al difunto, y que resuena en cada deudo. Nobleza obliga, cuento brevemente la mía: durante la semifinal del 86, con mi amiga de la infancia, se nos ocurrió versionar la letra del Himno a la Bandera, dedicándosela a Maradona. Al día siguiente el intento de compartirla en clase nos valió una dura reprimenda de la maestra de música: ¡cómo habíamos osado mancillar un himno patrio! Mi amiga lloraba, yo discutía; no hubo caso, pero sí revancha: su madre trabajaba en un estudio de televisión, así que allí fuimos todas las nenas del grado (sí, era una escuela de niñas) acompañadas por otra maestra que supo entender lo amoroso del gesto, nos filmaron cantándola y se lo enviamos al Diego.

Vuelvo por fin a lo que él tiene de inigualable. Lo que mejor lo condensa es el contraste entre los dos goles a los ingleses en el 86: uno, maravilla de la destreza, épica sobrecogedora, «barrilete cósmico», el gol del siglo. Pero el Diego no sería Maradona si no hubiera habido también, *y a la vez*, «la mano de Dios», es decir, un gol marcado rompiendo las reglas, robado con picardía ante los ojos ciegos del poder, confesado después porque de eso se trataba, de colárselas y que lo sepan, y de parte de Dios, nada menos. Así, un gol descompleta al otro en un pase de pelota que no se detiene, el Diego no es uno ni el otro, es el que complica cualquier afirmación definitiva, la gambeteada eterna que nunca lo encuentra donde debía estar. Por primera vez, mientras escribo, escucho el equívoco que permite la lengua catalana:

mare-dona (madre-mujer), y entonces también ahí, en su nombre, la marca de la tensión irreductible, y de nuevo, mejor no pretender situar(se) definitivamente, ni una, ni la otra.

Y bien, esa misma lógica de descompletamiento es la que opera entre Maradona y el Diego, entre el astro del fútbol que enfrentó a los dueños del negocio, y el hombre lleno de las bajezas e inconsistencias que le enrostran, que él nunca pretendió negar. Y de nuevo, gambeta eterna entre los dos, y por eso Maradona es Maradona, sinigual.

No se puede saber de antemano cuál es ese objeto, ese pedazo de sí que cada quien pierde cuando alguien se va, hace falta el lento trabajo del duelo para darlo por perdido definitivamente.

Todavía no sabemos lo que se perdió con el Diego. Pero, ¡ay!, ojalá no sea esa habilidad arrolladora de manchar con risa y barro de potrero el altar solemne y mortífero de cualquier pretensión de universal.

TIERRA EN LA BOCA

MANUELA BERGEROT, *coportavoz de Más Madrid*
CAROLINA MELONI, *filósofa*

> *Soy una negra de mierda, una ordinaria, una orillera,*
> *una cuchillera, el mundo me queda grande, el tiempo*
> *me queda grande, las sedas me quedan grandes, el*
> *respeto me queda enorme.*
>
> CAMILA SOSA VILLADA

Y festejamos, como locos, desaforados, energúmenos, a los gritos, entre lágrimas. Festejamos en todo el país, en todos los rincones del mundo en los que habíamos sido condenados a huir tras la dictadura. México, España, Francia, Suecia. La radio, la tele, el teléfono fijo colectivo sonando. El Diego volaba en la cancha, sorteaba a ingleses, a alemanes, a italianos y nos elevaba de la tierra unos segundos, después de años sumidos en el auténtico averno, después de haber sido desterradas. Vimos papelitos celestes y blancos que se esparcían por todos lados. Salimos a la calle, convertidos en barriletes con alas. Y cantábamos. *Maradona no perdona, Argentina, ya sos campeón*. Cantábamos con la tristeza aún anudada en nuestras gargantas, con el miedo pegado a nuestros cuerpos, con lo ominoso de aquel otro Mundial, porque la victoria traía consigo, necesariamente, el recuerdo de aquel otro y de sus funestos partidos jugados al lado de los centros clandestinos de detención. Pero en este caso, nuestras voces ya no se mezclarían con los gritos de los torturados en la ESMA, nuestras lágrimas ya no rezumaban dolor y desasosiego, la copa ya no era levantada por Videla con su sonrisa mortal.

Para muchas de nosotras, niñas del exilio, el Diego nos trajo un poquito de tierra, de infancia, de aromas provenientes de ese extraño país que habíamos abandonado junto a nuestros padres. Algunas habíamos retornado hacía poco a la Argentina, con la llegada de la democracia; otras, en cambio, permanecíamos en el exilio, aprendiendo a no sentirnos en permanente tránsito en una tierra árida. Apenas habían pasado tres años del final de la dictadura, y en ese mágico año 86, la euforia y alegría se hacían presentes, después de tantos muertos y desaparecidos, tanta oscuridad e infamia, tantas lágrimas derramadas por la ignominia vivida.

Diego, el «Pelusa», el negrito villero, el cabecita negra, nos hizo volar y sonreír, al tiempo que pedía, de manera contundente, un minuto de silencio en todas las canchas argentinas por los 30.000. Su estela cósmica hizo que los argentinos en el exilio nos juntáramos y se sumaran los vecinos, que nuestros mayores se hicieran livianos y que nosotras los abrazáramos fuerte para que se quedaran en ese lugar de felicidad; aquella final fue como una prórroga del exilio, todavía se podía ganar.

Un 25 de noviembre, 34 años después, subía las escaleras del metro de Lavapiés para sumarme a la concentración contra las violencias machistas mientras se me caían las lágrimas por cómo me tocó la muerte del Diego. Comenzaba a llover en Madrid y me reía mientras lloraba por semejante paradoja, haciéndome cargo de mi realidad vital. Pero no paraba de llover y el polvo de tierra seca de la meseta madrileña inundó mi boca y el exilio volvió a atravesarnos. No había suelo firme bajo mis pies, sólo tierra en la boca.

La máquina moralista se puso en marcha con toda su potencia enjuiciadora: desplegaron parámetros sobre lo que estaba permitido llorar, no se iba a consentir duelo semejante, no era posible tolerar un dolor tan irracional, tan insensato, tan infantilizado. Era inadmisible aceptar, desde coordenadas feministas, que pudiéramos siquiera mencionar que algo de la muerte de ese ídolo con pies de barro, ídolo salido literalmente del barro, nos había afectado. Y se nos dieron lecciones de feminismo, de patriarcado, de maltrato y violencia de género. Se nos acusó de traidoras, de irracionales, de ignorantes e incoherentes por dejarnos seducir por los discursos populistas; desplegaron los parámetros de un mundo donde no les cabe «El Otro», un mundo estrecho y eurocentrista.

La máquina moralista fue mutando hasta convertirse en un dispositivo colonial, clasista y racista. Si algo nos ha enseñado el feminismo, argumentaron desde sus púlpitos, es a distinguir, de manera clara y certera, que la única opresión que unifica nuestra lucha es la de género. Y en determinados círculos feministas, ampliar esas coordenadas supone, en definitiva, cuestionar las raíces mismas del movimiento. Así, el discurso castigador y la disciplina punitiva hacia la incontrolada vehemencia de las latinoamericanas se impuso. Nada parecen haber comprendido estas pseudofeministas a las que aún es preciso dar lecciones y enseñarles los dictámenes clásicos del feminismo euroblanco, para quien no hay maltratador que quede impune. Nosotras, esas vástagas descarriadas e inmaduras, debíamos ser reducidas a sus parámetros y, en caso de no encajar, ser condenadas al destierro. Volvimos a sentir, como en su momento lo sintió Audre Lorde, que la casa del feminismo no era para nosotras, que el paternalismo, el eurocentrismo y la ideología dominante se imponían ante realidades incomprensibles para sus memorias coloniales, y que determinada tradición feminista seguía erigiéndose en la única posible y acatable.

Volvimos a sentir el peso de no pertenecer, a sufrir la discriminación por no comprender. Exiliadas de nuestras propias luchas, acusadas por nuestros duelos. Condenadas por sudacas, extranjeras, inapropiadas y subalternas, racializadas y populistas de baja monta.

«Crecí en un barrio privado: privado de agua, de luz y de teléfono», afirmó en más de una ocasión Maradona. Porque la villa, la pobreza, la precariedad y la violencia de la miseria extrema se instala en el subalterno de por vida. Hace nido en su carne, en su manera de estar en el mundo. Y esa indigencia constitutiva parece acompañarle de por vida, imposibilitando cualquier posible indulgencia hacia sus actos. ¿Acaso puede el subalterno hablar?, se preguntaba Spivak. ¿Es posible duelar al plebeyo?, nos preguntamos nosotras. ¿Cómo conciliar nuestras luchas, nuestras conciencias feministas, con ese dolor tan paradójicamente incoherente? ¿Y cómo asumir que las múltiples opresiones de raza, clase, condición social parecían entrar en claro antagonismo con la opresión de género en un mismo y discordante personaje?

Maradona moría un 25 de noviembre, el mismo día en el que se condena la violencia de género a nivel internacional. La complejidad de afectos y emociones que su duelo puso en marcha en muchas de nosotras fue incomprendido y castigado por ciertos sectores del feminismo europeo. Para muchas, Maradona representaba esas reminiscencias de exilio, de infancias transterradas, de patria perdida y arrancada de cuajo; Diego también representaba cierta altivez del subalterno que supo llevar la villa y la pobreza como emblema de sus raíces; Maradona abrazó sin titubeo alguno la lucha por los derechos humanos en Argentina, acompañando a las Madres de Plaza de Mayo, apoyando siempre las causas de la más clásica izquierda latinoamericana. Asimismo, fue engullido por numerosas oscuridades, nadie niega esas pulsiones tanáticas que hicieron mella en su vida, así como el patriarcado violento del cual era un claro producto. ¿Es acaso posible, entonces, duelar desde la paradoja y la incoherencia? ¿Podemos establecer, como se pregunta Noe Gall, una agenda moral de las emociones, un régimen punitivo de los afectos, una vigilancia controladora de nuestras lágrimas? Porque lloramos, desde el cuerpo, la piel, las heridas; también, desde las dudas y el desacuerdo. Y en ese entramado de llantos, complejo, diverso y antagónico reside, para muchas, la posibilidad de nuestra supervivencia.

Una ofrenda para el altar

Lilia Parisí, *socióloga*
Verónica Lahitte, *artista visual*

25 de noviembre de 2020, las noticias anuncian que muere Maradona tras sufrir un infarto. Las redes sociales replican sentencias a la velocidad de la luz. Su muerte se ha convertido en un animalito al que hay que ir despedazando. Una persona habla desde su habitación doble, ubicada en el imperio de la anulación del otro. Dice que las drogas, que el macho, que el fetichismo de la mercancía. Se ríe del vicio, de lo enfermo, se ríe de la idolatría. Otras responden que el contexto, que la historia, que el Sur. Que el barro, que el barrio. Que la belleza de los abrazos en un país donde el eslogan fue «el silencio es salud». El animal es sometido una y otra vez a examen, se lo coloca en la báscula. ¿Que cuánto pesa? ¿Que cuánto mide? ¿Que cuántos gramos de ingesta? ¿Que no te rechina que sea un macho? ¿Es que entonces avalas la violencia? ¿Que cómo vives la contradicción?

Una persona habla desde su habitación doble, ubicada en el imperio de la enunciación universal y abstracta. Que se diga el nombre de la comarca, que quién fue el descubridor. Si la tierra es llana o áspera, fértil o falta de pastos. Qué quiere decir en lengua de indios el nombre del pueblo de indios, y por qué se llama así. Que cómo se gobernaban, con quién traían guerra, el traje que traían y el que ahora traen. Las enfermedades que suceden y los remedios que se suelen hacer. Las minas de oro y plata. La forma y edificio de las casas. Los tratos y contrataciones. El río principal. Los lagos, las lagunas. Los volcanes, los árboles, los granos y semillas. Y por qué se llaman así. Si hay salinas ahí mismo o cerca de allí. Los nombres de las islas y por qué se llaman así. Su forma y su figura. El largo y ancho, y lo que bojan. El suelo, pastos, árboles y aprovechamientos que tuvieren. Las aves y animales que hay en ellas y los ríos y fuentes señaladas. Y por qué se llaman así.

La máquina separa, agrupa, cronometra las labores sin tiempo. Trabaja desde 1492. Borra con agitación eurocéntrica los nombres en las lenguas que no sabe pronunciar. Registra, organiza y clasifica. Realiza cincuenta preguntas bajo la simple orden de ser contestadas. Produce jerarquías. La máquina de inscribir ajusta y mutila el cuerpo a la medida de un envase. Forma y contenido. A imagen y semejanza de un Dios al que nadie le vio la cara. Construye la narrativa de la supresión, y cuenta historias donde lo diverso es el hijo deforme de las normas. La máquina rinde culto a la razón y se espanta del deseo descontrolado de la sodomía. Inventa la moneda, transforma un mundo autoabastecido en un mercado de abasto. La máquina de explicar habla y escribe sentencias. Dice que la comunidad no existe, que lo único parecido es el librecambio y los lamentos solitarios en los grandes templos de la sangre. La máquina de destruir crece como una bestia bifronte y escindida. Instala binarismos y fracturas. Señala lo otro desde el inmenso panteón de la moral, que ha edificado para resguardarse de sí misma. La máquina de destruir vuelve a hablar para advertir que si la pulsión mancomunal persiste debe aparecer el Estado. Inventa lo público. Inventa lo privado. Saquea el cosmos. La máquina arranca la Chacana de los cielos. Restablece la proporción de lo sagrado. Le saca provecho a la vida, le saca provecho al cementerio. Dinamita los altares y las tumbas para afilar las aspas del extractivismo. Trastoca el orden de los hechos y le escribe el guion al fascismo contemporáneo. Cancela el bosque, le cambia el nombre al *pewen*. Inventa un cuestionario para encerrar la infinitud que no comprende, y diseña más muerte para trazar grandes extensiones de desierto.

El pillaje de la demarcación del mundo de lo otro define no sólo quiénes tienen la facultad de hablar, sino acerca de qué puede hablarse, delimitando el espacio en la escena de enunciación. Por su parte, la costumbre de inquirir propone un recorte anticipado del discurso admisible, y actualiza una herida histórica que se inscribe en el origen de las tecnologías coloniales. Hubo una vez un listado tan grande que quiso inventariar toda la extensión americana, o mejor dicho toda la amplitud de lo que se denominó América. En él se inscribieron aquellos elementos que fueron inteligibles para una nomenclatura miope y homogeneizante. El Cuestionario de las Relaciones topográficas de Indias fue uno de los programas más ambiciosos de recopilación de información del siglo XVI. Compuesto por cincuenta preguntas, inauguró el proceso de construcción de lo que de allí en adelante serían las pautas del proceso de producción y validación del conocimiento, estableciendo las normas necesarias para la determinación de marcos de referencia y la sistematización de la información. Administrados en cada región y poblado del territorio los cuestionarios, recogieron la información de manera comparable y ordenada facilitando la extracción de recursos y el control de las colonias del Reino de España.

La máquina de hacer individuos se construye como el espejo de un futuro depurado, para salvar a las supuestas víctimas del retraso; comercia discursos policíacos que desmienten su genealogía para vigilar desde la asepsia del pensamiento ilustrado. Hoy no queremos explicar aquello que sobrepasa los marcos referenciales del reino de lo mismo. Ni tampoco declarar lo que desborda los formularios de la muerte y excede el registro cartesiano de los afectos. Vamos a reservar la infinitud que nos circunda. ¿Cuánto pesa este amor en las cartillas médicas? ¿Qué proporción de los impuestos municipales representa? ¿Cuánto en el PIB de la Unión Europea? ¿Qué lugar ocupa en la lengua que nos traduce? Maradona se ha tejido en el entramado de algo que la máquina de nombrar el mundo no nos deja pronunciar desde la infancia; pero seguimos levantando altares en las esquinas, ofrendando los objetos que hemos logrado resacralizar.

El dragón en su cueva

Julián Melo, *investigador adjunto del CONICET (IDAES-UNSAM) y docente de la UNSAM*

Algo de aire corre. Es una de esas noches de primavera que ya es verano, húmeda, pringosa, corta. Tengo la radio de fondo. Casi no entiendo lo que dicen pero me hacen compañía. Ese tipo de compañía que no hace falta explicar porque sólo tiene sentido para quien la busca o la encuentra allí. Como escapando, entre esa brisa que no lo es y esas voces que tampoco lo son, de un cimbronazo inentendible, inaudito, inesperado. Huyendo de algo que, más lento que veloz, se va encarnando, se va haciendo escamas. A veces escribir tiene, o pretende tener, una meta bien clara. A veces se trata de intervenir, o pretender intervenir en una discusión pública. A veces es cuestión de trabajo con la fe puesta en poder publicar una investigación. A veces es simplemente un intento de contar una historia con la férrea convicción de que al alguien le puede interesar. Escribir es siempre, para mí, una forma de escapar de un asedio aunque nunca lo logre.

Las tramas del asedio suelen ser oscuras, desordenadas. Las tramas del asedio se envigan en todas direcciones, sin estructura, como moldeando un mapa sin referencias, sin norte alguno posible. Escribir escapando de tantas cosas, tantos años. Y terminar escribiendo para huir de fotos de un héroe. Escribir para ver si puedo dejar de llorar un rato cuando relatan un gol de Maradona, para ver si le gambeteo un poquito a la garganta anudada cuando se muestra alguna foto o cuando alguien cuenta, mejor que yo, lo que le está sucediendo. Escribir para fracasar, entonces y de entrada, escribir simplemente para no buscar ninguna explicación sino algún refugio.

No tengo anécdotas. No tengo tampoco ninguna posibilidad de originalidad en este trayecto. No hay nada más que vísceras contraídas, un par de ojos maltrechos y la necesidad intacta de escapar por un rato. Se murió Diego, loco, se murió. Es imposible de esquivar. Tiene ese magnetismo inevitable que define a Maradona como a nadie más. Maradona es el hecho social más perfecto del que cualquiera de nosotros haya podido participar. Roto y homogéneo, feroz y sensible, pero inevitable aun para quien nunca pateó una pelota. Maradona es el nombre de tantas cosas a la vez que, justamente por eso, no tiene explicación. Y no la necesita.

Hace un tiempo ya, en un homenaje donde le entregaban un premio a Sean Connery por su trayectoria, subió al escenario James Earl Jones junior. Se acercó al micrófono y dijo: «*It's his voice, it's his voice*», como tratando de explicar el secreto del magnetismo de Sean Connery. Esa tonalidad única, acentuada de manera tan singular, inimitable. Verdaderamente, no sé si el secreto de Maradona se puede encontrar —no sé si hay uno—. Pero —sigo intentando huir— para mí es el pecho. El pecho de Diego es una especie de planeta, es un territorio donde entra absolutamente todo.

Miras y miras vídeos, fotos, lo que sea. Maradona siempre tiene el pecho ancho, siempre abierto. Pero no tiene el pecho marcado por estructuras de plástico como los de las películas o por sustancias que te hacen parecer un hombre de gimnasio. Se trata de un pecho que encara y alberga. Un pecho que le hace lugar, incluso, a que Peter Shilton se queje por la mano de Dios y no diga nada de la docena de patadas ilegales que le pegaron a

Diego porque, dentro de la ley, no lo podían parar. Maradona es un pecho siempre esbelto, levantando el cuello, un pecho imposible de esconder.

Se trata, el pecho de Diego, de una prodigiosa invención de la naturaleza que alberga todos los miles de análisis que hacemos y se han hecho. Análisis que no tienen respuesta posible. Análisis que, en el fondo, no merecen explicación, como el mío mismo, porque es Maradona. Es sensibilidad sin ninguna forma posible de control. El escape, al fin y al cabo, parece ser tratar de poner en palabras algo tan difícil, algo que sabes que compartís con tantos y tantas, algo como el heroísmo. Esquivando banalizaciones. Esquivando argumentos vetustos que ya ven en la mistificación de Diego un proceso a destruir porque tiene raíces religiosas, o arcaicas, o lo que sea que digan. Pareciera que hablar de Maradona torna en algo irracional porque es puramente sentimental, porque el que escribe puede parecer fanático y lo que hace falta, dicen, es otra cosa.

Ocurre que la idea de racionalizar a Maradona es, quizás, el mayor gesto de voluntarismo religioso y autoritario, irracional, posible. Ocurre que Maradona no es racionalizable porque es ya-en-sí-mismo una razón. No interesa si fue más o menos chavista, más o menos antimacrista. Siento que no interesa exponerlo a un análisis que ya tiene conclusiones preformuladas. Justamente, Maradona es un icono porque es inagarrable, no hay chance de fijarlo, no tiene conclusión. Maradona es un nombre que excede cualquier forma de razón predeterminada. Es un nombre, y para mí el lugar es el pecho y no la espalda.

Escribo para escapar de una imagen propia, con mi hijo en la compu, mostrándole vídeos de Diego para que vea magia en su estado más puro posible. Escribo para huir de los llamados a mi vieja, antes de la pandemia, para decirle: «Mami, hoy a las cuatro juega el Diez, no te olvides», cuando él dirigía a Gimnasia. Escribo porque no creo que sea irracional sentir un cierto arrancamiento cuando te enteras de que Diego se murió y llamas a tu pibe llorando y le decís: «Se murió el Diez, mi amor, se murió el Diez». Nunca le dije «Este tipo defendió a los pobres, luchó con el opulento norte italiano y le ganó». Nunca le dije a mi hijo «Este hombre nos vengó de la bestialidad de Malvinas». Que él piense lo que quiera, yo pienso lo mío. Pero sí, que vea las cosas que hizo este hombre, las cosas que le pasaron. Que vea cómo lo recontracagaban a patadas y seguía y seguía. Que observe ese espíritu. Que sepa que, con todas las comillas del mundo posibles, ese espíritu guio al de su padre toda la vida. Nunca me interesó que mi hijo viera algo perfecto en Maradona porque su propio padre no lo es.

Todos estos días se han escrito y se han publicado miles de cosas maravillosas y emocionantes sobre Diego. Maradona es un reparto de lo sensible en sí mismo. Como tal, hará que muchos estén aburridos ya del tema y tantos otros más que seguimos tratando de encontrar un rescoldo para aposentar un cuerpo triste y dejar que pase el rato. Lo que me resulta absolutamente inadmisible es que nos demos lecciones de moralidad entre nosotros y nos expliquemos qué y cómo sentir ante algo así. Soportar las lágrimas del otro, o soportar su silencio, también es parte de la vida en común, y eso es Maradona.

Escribo, entonces, sobre mí, claramente. Cosa que me da vergüenza. Porque, como ya muchos han dicho, hablar sobre Maradona es, en parte, hablar sobre mi propia vida. Ausente de parámetros académicos (no sé en qué momento a alguien se le ocurrió que una persona que escribe y lee todo el día no puede tener lágrimas inexplicables). No obstante, si se me permite la gestualidad requerida, Maradona no tiene explicación. No la necesita. No hay teoría posible. Es un acontecimiento en toda su dimensión. Algunos disfrutan, otros no. Nada más que eso.

Escribo para escapar, quizás de mí. Pero de Maradona no me voy a escapar nunca. Seguiré tratando de entender cómo usa la palanca de la cadera para hacerle el gol a Italia en el 86, seguiré buscando una forma física de entender cómo pone el pie en el primero a Bélgica. Llega un punto donde digo: «no busques más, es Maradona». También seguiré buscando algo que ponga palabras a tanta sensibilidad compartida con gente que ni conocés. Porque eso es Maradona. Una sensibilidad. Por eso escribo, buscando ese pecho, buscando ese puño poderoso y cerrado en el festejo. Escribo porque es de noche ya, tarde, cansado, pero no me quiero rendir. Escribo porque el dragón ya está definitivamente en su cueva. Esa cueva somos todos nosotros. Escribo porque fuiste, Maestro, un grito fundamental en mi vida. Mañana voy a ir a llevarte una flor y mi camiseta. Y te escribo también porque es lo único que más o menos sé hacer, y es lo único que puedo imaginar para tratar de homenajearte.

Maradona, simbionte de la plebe

Raimundo Viejo Viñas,
profesor de Ciencias políticas en la Universidad de Barcelona

1

El fallecimiento de Diego Armando Maradona fue todo un acontecimiento en redes. Durante horas y hasta días, las opiniones agitaron el enjambre cibernético. Como suele pasar, las simplificaciones extremas fueron premiadas por el algoritmo. Pronto nos encontramos surfeando olas de beatificación plebeya, comentarismo futbolístico y hasta el anatema feminista. Nada nuevo bajo el sol: apenas diálogo o complejidad argumental; poca reflexividad y mucho sesgo de confirmación. Autosuficiencia moral y hooliganismo desaforado a raudales. De un tiempo a esta parte ése es el juego tumultuario del que hay que partir... ni que sea para no entramparse en el infierno de la subjetividad numérica.

Indaguemos por ahí; por la vertiente condenatoria de la turba *online*. Así se supo de su muerte, un aluvión de mensajes cayó sobre la figura del mito argentino apuntando a su condición de maltratador, yonqui y cuanto aspecto execrable pudiese envolver su hiperbólica y malograda existencia. En el caso de Maradona no ha sido difícil percibir los efectos de la «cultura de la cancelación». Tampoco advertir un exacerbado perfeccionismo moral presto a realizar ajustes de cuentas con el personaje, convertido para la ocasión en un pelele al que sacudir con las propias convicciones. Sobre esto se ha escrito mucho y bueno; con acertada atención a los excesos del perfeccionismo moral republicano y su permanente riesgo de exceso en el enjuiciamiento de alguien concreto.

Aun así, nadie inteligente y razonante discrepará en que, quien más quien menos, todo el mundo merece una memoria equilibrada de aquello que hizo y fue. En lo bueno como en lo malo, en lo genial como en lo abyecto, es de justicia realizar balances ecuánimes y comprensivos. Pero acaso por esto es importante también no caer en la deriva opuesta al exceso del perfeccionismo moral republicano; a saber: la exención liberal de cualquier responsabilidad individual mediante esa catarsis particular que busca, en la exoneración del agregado de «todos y cada uno menos uno», el sosiego falaz de un reparto de culpa alícuota. En otras palabras: para exigir en la disputa pública sobre el Maradona-símbolo no vale desentenderse de lo que le fue infligido al Maradona-simbionte. Partir de aquí nos ofrece la posibilidad de pensar —más allá del individualismo liberal— la simbiótica condición plebeya en que su figura se constituyó y nos constituye.

2

En su arrogante y vanidosa modernidad, el individuo liberal se cree a salvo hasta de sí mismo. Pero para poder afirmarse ahí precisa de conjurarse en el agregado de «todos y cada uno de nosotros» contra un «alguien» excluido por su singularidad extraordinaria. Así opera en el liberalismo el principio de individuación: yo soy yo porque no soy tú; tú y yo somos tú y yo, porque no somos él; tú, yo y él somos tú, yo y él porque no somos «alguien»; aquel otro, el único que ha de ser en su excepcionalidad para que todos y cada uno de nosotros podamos ser en nuestra singularidad cualquiera. Ese monstro extraordinario debe ser privado de simbiosis, reificado como soporte simbólico y significado como singularidad desprovista de norma (no importa si por vil o heroica).

Nada favorece más esto que las redes sociales. Y no por casualidad es ahí donde esto se lleva al extremo del punto desde el que partimos. La abstracción del «yo-desvinculado» (*unencumbered self*) al que hace tiempo se refería Michael Sandel es la ficción que nos permite sustraernos a nuestra condición simbiótica; imaginar que no nos constituimos en el ser social y que alcanzamos a pensarnos de forma suficiente como figuración de un estar al margen o en una anterioridad a la vida misma en sociedad. Mutilar al otro de sus simbiosis por medio de la proeza o lo monstruoso, el genio o lo extraordinario, no deja de ser la manera de asegurarnos preservar nuestra mediocre individualidad como vulgo liberal, ultima ratio de un hombre sin atributos —al decir literario de Robert Musil— y perfecto sujeto mercantil.

Aún es más, sólo de esta suerte se puede configurar un vivir disociado, segregado y competitivo en la plebe; un sujeto apto al oxímoron «plebe liberal». Suya es la condición individual de una consciencia desdiferenciada, asimbiótica; de un «yo para mí y sólo para mí» funcional al mercado. He ahí el modo en que la mediocridad de la existencia en los parámetros de la sociedad de consumo se reconcilia con el genio en la sociedad del espectáculo. A través del consumo de admiración y odio; nunca en la simbiosis orgánica, siempre mediado por la espectacularidad de la condición posmoderna.

3

Diego Armando Maradona, sin embargo, era de nación plebeya y desde ahí se ofreció en vida a sus múltiples simbiosis; en su talento incuestionado, claro está, pero no en menor medida de lo que en sus inconsistencias y afrentas, derrumbes, resurrecciones y horrores. A nadie escapa que esa pobreza en su condición de nacimiento marcó su trayectoria, por más que pudiese haber sido muy otra. Condición necesaria, pero no suficiente. Las simbiosis también son lo que se nos permite hacer en (y con) ellas; en el protagonismo siempre incompleto, abierto y contingente de nuestro yo.

Las simbiosis plebeyas de Maradona no operaron en un vacío, sino en un espacio y tiempo concretos. Buena parte de aquellas apreciaciones que desde ubicaciones muy dispares en 2020 atacan a un nacido en la periferia del Gran Buenos Aires de 1960 se origina en una búsqueda desesperada de autosuficiencia moral que niega al feminismo y otros movimientos su capacidad para haber incidido en el curso de esas seis décadas de Historia (¡y qué seis décadas!). Ningún ser humano está obligado a ser un adelantado a su tiempo. Ni a quienes lo son (Maradona, si acaso, adelantó el fútbol del futuro). A lo sumo nos podemos medir por acelerar, acompañar o resistirnos al cambio; siempre en virtud de aquellos instrumentos, experiencias y capacidades de que disponemos en cada momento.

En la vertiente condenatoria de las redes sociales aflora la voluntad de exoneración liberal, contrapunto a la apertura e imbricación de y en las simbiosis: atribuir al individuo la entera responsabilidad en abstracto sobre lo absoluto de su devenir. Esto no quiere decir que la responsabilidad individual (o su ausencia) no habiten la figura de Maradona. Significa que no procede evaluarlo como un abstracto absoluto o un «mero» símbolo total o parcial, ajeno en cualquier caso a las simbiosis materiales en que se formó, en las que hubo de convivir y de las que, en no poca medida, fue víctima al punto de una muerte prematura tras una vida de dependencias y excesos.

Pero lo sintomático ahora no es su vida para sí sino que, a la manera un posmoderno «tribuno de la plebe», nos permite observar en él la denuncia de la lógica incriminatoria, abstracta y arrogante, del individualismo liberal. O por decirlo de otro modo, más concreto: no se puede exigir a Maradona haber nacido en su barrio, allá por 1960, como un sujeto liberal del 2020, instruido, de clase media, con un sistema de valores sensible y crítico con la violencia de género, capaz de dominar el consumo de sustancias en su justa medida, etc. Desde ahí siempre se puede pensar que debería haber llevado una vida recta, ajena a los excesos incluso rodeado de ellos (empezando por el exceso de dinero de sus contratos millonarios como futbolista). Un Maradona salvífico que nunca pudo haber devenido. Quienes más lo atacan seguramente son quienes más le exigen un poder redentor.

4

Todo lo anterior resulta, en fin, muy revelador si se observa desde el prisma de la drogadicción y no desde la violencia de género. Ahí su figura se hace más ambivalente y compleja. Al reconocerse, tratarse y hasta sanarse como drogodependiente, Maradona también se desvela cuerpo de sus más funestas simbiosis a la par que sujeto activo en pugna por deshacerse de un hábito destructivo hasta la fatalidad.

Pero aunque con menos ínfulas, el ataque del individualismo liberal tampoco ahí cesa. Si no es condenatorio desde la estigmatización del yonqui, sencillamente obvia esa simbiosis fatal las más de las veces, no sea que la moralización en las redes y el *ethos* liberal colisionen. Después de todo, sólo por medio de la enfatización del mal moral, la sujeción individualizadora puede mutilar y dar forma a las simbiosis que surgen en el cuerpo; ser empaquetado, linchado y culpado finalmente eximiendo al enunciante de ser portador del mal criticado en un sosiego falaz que no es sino desublimación represiva y falso feminismo.

Qué fenomenal máquina, en fin, la del individuo liberal. El mal que se causa uno a sí mismo no es sino «libre» (libertad como no interferencia, al decir liberal, desde Constant hasta Berlin); el que se causa a otros, despótico (interferencia sobre la libertad ajena). Pero ¿en verdad es tan sencillo? ¿Sólo existió un Maradona maltratador?, ¿sólo un futbolista?, ¿sólo un yonqui? ¿Quizá sólo un pibe que se constituyó como pudo en las simbiosis de un mundo del que también fue partícipe y que necesita más política y menos moral para reordenar las simbiosis de manera más afortunada y menos destructiva?

La Maradona de Proust

Jorge Moruno,
diputado en la asamblea de Madrid por Más Madrid

En el primer libro de su célebre obra *En busca del tiempo perdido*, Marcel Proust escribe el conocido pasaje donde el sabor y el olor de la magdalena le provocan una sensación que le retrotrae a la vivencia de su infancia con su tía los domingos de Combray; «y de repente el recuerdo surge». Una adaptación más reciente de esta sensación aparece en la película animada *Ratatouille*, cuando el crítico gastronómico conocido por su severidad prueba la ratatouille y, a través del sabor, éste le devuelve a su infancia y a su madre. Este fenómeno de invocación no es una simple imaginación o un recuerdo evocado, no es un acto de voluntad activa, sino una regresión pasiva que, de forma inconsciente, vivifica elementos cardinales de nuestra biografía al margen de nuestra elección.

No se trata de un deseo, pues éste, como recuerda Spinoza, «es el apetito acompañado de la conciencia del mismo», sino más bien de un resorte que activa nuestra estructura de sentido y sentimiento haciendo aflorar las reminiscencias que habitan en nosotros: es algo que nos viene dado sin quererlo. Esos detalles de nuestras vidas, aparentemente triviales, no se quedan grabados como una simple suma de momentos, secuencias o personas aisladas; son, por el contrario, un retorno presente a ese tiempo perdido que, al no poder retenerse, se nos presenta de modo a-intencional; lo sabemos, pero no lo hacemos.

Esta idea, la de la invocación a través de algo, le ha sucedido a mucha gente con la figura de Maradona, y no necesariamente se puede explicar porque sean insensibles o porque minimicen sus actos y actitudes, especialmente contra las mujeres. Un buen amigo mío me comentaba que lo primero que le vino a la cabeza cuando se enteró de la muerte de Maradona, fue la de su propia imagen, sentado con su abuelo en el sofá mientras el Diego jugaba en el Sevilla. Maradona hace aquí las veces de esa magdalena que hace posible el retorno a la propia biografía. Ese tiempo perdido que produce Maradona en nosotros es lo que hace que sea tan impactante su muerte.

Maradona ha impregnado muchos trazos biográficos por diferentes motivos o una mezcla de todos ellos, en unos casos con asociaciones familiares, en otros casos de orgullo nacional ganando a Inglaterra en el Mundial del 86, en otras ocasiones como un símbolo de los pobres que se sintieron representados por su figura indómita y otras veces por el enamoramiento futbolístico y la épica de quien salió a jugar una final de un Mundial, el de Italia 90, sin la uña del dedo gordo del pie y con el tobillo hecho una pelota.

Cuando Maradona se murió se entremezclaron todo tipo de críticas contra su figura. Algunas se mofaban porque les resulta inconcebible que un futbolista pudiese provocar semejante reacción, ya que no conciben que el fútbol —o el boxeo—, al margen de que a uno le pueda o no gustar, pueda ser un arte del mismo modo que lo es el ballet, que sí se lo considera un arte incluso entre quienes no les interesa. Otras críticas a Maradona se hacían desde la superioridad moral al fervor multitudinario de quienes le homenajean. Se considera un factor de animalidad asociado a la emoción que representaría al subdesarrollo y se enfrenta y distingue de la razón asociada con la frialdad que se vincula al desarrollo. Una idea que observa la pasión y la expresión como algo propio de pueblos calientes y atrasados que pueden llegar a ser exóticos, pero, en cualquier caso, inferiores.

La principal polémica de todas, la que cuestionaba la legitimidad de llorar a un personaje manchado por el maltrato a las mujeres, daba a entender que quienes sentían su muerte podían llegar a ser percibidos como culpables por blanqueamiento del personaje. Podemos preguntarnos ¿es posible entender que alguien rechace honestamente la violencia contra las mujeres, al mismo tiempo que lamenta la muerte de Maradona? Sí. Retomando el argumento de Proust, al conocer la muerte de Maradona muchas personas son devueltas, por múltiples razones y vías, a su tiempo perdido, esto es, a ese pasado que estructura con sus raíces nuestro presente. Desde este punto de vista, la acusación de blanqueamiento es concebida como un ataque a su dolor, pero no tanto porque les duela Maradona en sí, sino porque es sentido como un ataque a lo que para ellos ha significado y expresa Maradona en sus propias vidas.

Cuando alguien odia algo que amamos —no a Maradona, sino el tiempo perdido que permite invocar su figura—, la respuesta inmediata es el rechazo a quienes odian lo amado. Esto también nos dice algo de cómo funciona la racionalidad política en tanto que formación afectiva: las adhesiones a una u otra posición nunca son guiadas por evidencias empíricas o por la metafísica del dato, como si fuéramos seres libres de pasiones, valores, e intereses y nos limitásemos a elegir la opción que objetivamente es la mejor, sino que el dato y la evidencia empírica adquieren sentido únicamente si están insertadas dentro de un marco afectivo. Para comprender el caso de Maradona, y también para pensar la política en general, resulta importante habitar en la complejidad, mirar con los ojos del otro y entroncar con historias de vida, de lo contrario, se puede tener la pretensión de plantar una moral en cada cerebro para exigir «al individuo aquellas acciones que uno desea ver en todos los hombres» (Nietzsche).

Entiéndase bien, lo que aquí se critica no es que se critique a la figura de Maradona, legítima por supuesto, sino que se critique a quienes sienten su pérdida por blanqueamiento. Afortunadamente hoy resulta más complicado que la red sobre la que descansan nuestras reminiscencias, nuestro tiempo perdido, pueda tejerse con el material de alguien que arrastra una mácula contra las mujeres. Eso es una buena noticia, de hecho, esa es, en mi opinión, la potencia que despliega el feminismo en la sociedad y no la de ser el guardián de una moral donde el valor de la gente se mide por el grado de obediencia a una voluntad y a una moral. A veces no nos damos cuenta, pero el feminismo está consiguiendo, no sin complicaciones, algo mucho más grande que todo eso, a saber, está vaciando de contenido la moral dominante y moviendo las placas tectónicas de nuestra estructura de lo sentido, lo que se traduce en que el fenómeno Maradona hoy ya no podría repetirse y formar parte de nuestro tiempo perdido en las mismas condiciones. Sería imposible, como también lo es que alguien repita su fútbol.

Maradona es Dios:
¿monoteísta o pagano?[1]

JAVIER FRANZÉ, *profesor de Teoría política,*
Universidad Complutense de Madrid

La partida de Maradona generó una discusión alrededor de su figura en la que estaba en juego quién y por qué merece el elogio colectivo. Por tanto, fue —y seguirá siendo— un debate sobre cómo somos y, sobre todo, cómo queremos ser. Las alternativas respecto de cómo queremos vivir como comunidad son casi infinitas, pues al fin se vinculan con qué valores preferimos y cómo los priorizamos. No es ésa la discusión que más nos interesa revisar aquí, aunque haya sido la que ocupó el corazón del debate público en Argentina, y también en otros países, dada la relevancia de Maradona. Quisiéramos en cambio llamar la atención sobre algo *anterior* —por así decirlo— a esa polémica, aunque también tenga que ver con una preferencia, la nuestra por la democracia pluralista. En efecto, la cuestión sería ¿cómo mira una sociedad democrática y pluralista que quiere ser coherente con sus valores a aquellas personas que considera dignas de honra? ¿Qué criterio sería consistente con lo democrático y pluralista a la hora de elegir a aquellos hijos e hijas de la colectividad que «han hecho grandes cosas» y por ello se transforman en valores en sí mismos?

---

1. Este artículo se publicó originalmente en el periódico *La Vanguardia* de Buenos Aires, el 16 de diciembre de 2020 bajo el título «Maradona ¿un dios en plural?»..

Maradona es Dios: ¿monoteísta o pagano?

Cuando Weber caracterizó la sociedad moderna occidental como una lucha entre dioses no se refería a las tres grandes religiones monoteístas pugnando por ver cuál era la verdadera y cuál la falsa, sino a los dioses paganos luchando entre sí por ver qué bien prevalecía. Tras probar del árbol de la ciencia, esto es, sabiendo que el mundo no tiene un sentido oculto inalcanzable a nuestro entendimiento, la sociedad moderna —sigue Weber— se abre a la lucha de valores para, precisamente, darle sentido al mundo.

El dios monoteísta representa un todo esencialmente omnímodo, omnisciente y bueno, en toda situación, para toda la eternidad. Es perfecto porque lleva en sí todo para ser quien Debe Ser, para hacer el Bien y vencer al Mal. Es la antítesis limpia del Mal. No hay dialéctica entre ellos, sino mutua exclusión entre purezas homogéneas. No los vincula ni la lucha que los avecina. En cambio, los dioses politeístas representan una lucha entre bienes empedrados de mal. No sólo porque ellos mismos están hechos de las miserias propias de las personas humanas, sino porque luchan contra otros dioses que también encarnan bienes, por lo que aun en la victoria producirán un cierto mal: relegar a ese otro bien derrotado.

Por eso, la clave de la discusión sobre si la figura de Maradona debe o no ser conmemorada no radica en si estamos ante un símbolo positivo o negativo, sino en cómo concebimos lo bueno y lo malo. El debate es si estamos ante un dios monoteísta o uno pagano. Aquí caben tres posibilidades: el Dios monoteísta (un todo intachable), su reverso, el Diablo (un todo condenable), y un dios pagano (la parte por el todo, sea buena o mala). En efecto, la diferencia entre monoteísmo y paganismo es que este último piensa las identidades como una metonimia, en tanto invita a elegir no entre El Bien y El Mal enteros, absolutos y antitéticos, como el monoteísmo, sino entre bienes y males entrelazados, parciales y relativos, encarnados en un mismo dios, lo que nos obliga a decidir sopesando qué y cuánto mal compensa qué y cuánto bien, y qué bien ponemos por delante de otro bien.

Según nuestro punto de vista, para una sociedad democrática y pluralista sería más coherente que esa honra tuviera lugar en los términos del paganismo, en tanto es un debate que busca definir quiénes son los dioses humanos, no los humanos santos o diablos. La democracia es tal porque no se reconoce fundada en una verdad objetiva y trascendente, sino en las preferencias no objetivas, discutibles e indecidibles del *demos*.

Convertir algo mundano en un todo perfectamente abyecto o divino es en verdad negar su carácter humano y terrenal. Constituye una mirada infantil, que rechaza la complejidad intrínseca del mundo. La inmadurez no radica en la identificación en sí, sino en cómo ésta se realiza. Y en rigor ni siquiera es una perspectiva propiamente monoteísta, pues cree en la posibilidad de un bien perfecto *en este mundo*. El monoteísmo descree del paraíso en la Tierra, pues sabe que el bien perfecto sólo es posible en un mundo *extraterrenal*, desprovisto de determinaciones y límites. Para una elección como ésta, no cabe imaginar desafío mejor que la figura de Maradona, porque —si se permite la hipérbole— nada hay más terrenal y divino que su persona.

La cuestión entonces no es tanto qué Maradona construye cada cual, qué rasgos de su vida elige priorizar, porque lo que sea eso que edifiquemos inevitablemente tendrá que ser *la parte* que represente al todo, sin serlo (por eso *es imagen vicaria, no el objeto traducido a conceptos*). La clave es cómo lo hacemos, si aceptamos esa parcialidad metonímica o no. Aceptada esa fisonomía metonímica, lo de menos casi es qué se elija, porque habremos entrado ya en el terreno de las preferencias. Estaremos otra vez ante la lucha insaldable entre dioses paganos. Ni siquiera quienes lo celebren lo harán por las mismas cualidades, al igual que aquellos que lo desestimen con sus faltas.

Se trata de renunciar al Todo, no por voluntad, sino porque es inasible, imposible de rearticular. No sólo porque cuantitativamente sea muy amplio, sino porque es constitutivamente heterogéneo, pues la identidad es una diferencia y lo bueno puede chocar con lo bueno. Cada parte de esa heterogeneidad (somos madres, padres, hijas, trabajadores, pacientes; tenemos creencias diversas por las que luchamos a la vez; pertenencias sociales y nacionales, etc.) tampoco está definitivamente constituida: son todas igualmente contingentes, ambiguas, mutua e internamente contradictorias, inestables y, como tales, se enhebran superpuestas, mezcladas y sin forma final. Todo ello nos aleja de la idea occidental de un Ser Único Bueno, Completo y Verdadero, unificado alrededor de su esencia.

Ahí radica la diferencia central del debate generado con la muerte de Maradona: no entre quienes lo celebran o critican, sino entre los que afirman contundentemente que *es una y solo una cosa* y quienes, aceptando la coexistencia del bien y el mal, eligen darle un valor no absoluto pero tampoco completamente relativo a su figura, pues no necesitan que el bien y el mal sean puros para valorar. A este respecto, da igual que el aspecto absolutizado sea su machismo, su condición de «ser Pueblo», su arte como jugador, sus adicciones o sus posiciones políticas, pues estos mismos rasgos también podrían formar parte de una cuenta pagana. No murió un machista, ni un crack, ni un adicto, ni un símbolo del nosotros: murió todo eso junto.

Pero habría algo más. Aquí estamos hablando de una honra colectiva, no personal. Los sentimientos íntimos que despierte una figura no pueden reclamar, por sí mismos, inmediato valor para el *colectivo*. No hace falta decir que son legítimos e infranqueables, pero en una comunidad democrática y pluralista habrá otras experiencias que reclamen la misma consideración. Para la definición de lo valioso comunitario, ninguna de ellas podrá prescindir de la confrontación de argumentaciones, que son también sentimientos. Si no, estaríamos ante una interpretación platónica invertida, en la cual los sentimientos quedarían igualmente escindidos de la razón e ingobernables, aunque ahora sean por eso considerados positivos.

Aceptar politeísta y metonímicamente que la cuenta puede ser otra, que las cosas pueden ser diferentes, aleja la mirada tajante, intolerante, punitiva hacia las otras perspectivas, porque se sabe que éstas podrían —hoy o mañana— ser las propias. En cambio, sostener que las cosas son ya algo para siempre no sólo obliga a un visiblemente artificioso ejercicio de negación de muchos rasgos contradictorios para embutirlos en el blanco o negro, sino que —y esto es lo más relevante para la democracia y el pluralismo— invita a ver a los otros o bien como ignorantes (masas salvajes o insensibles que necesitan falsos ídolos porque son inmaduras o han fracasado), o bien como malintencionados (traidores a la patria, al único feminismo verdadero, al pueblo o a los derechos humanos) que habrá que reconvenir. De ahí a la admonición del escarnio público, señalador, vigilante y castigador suele haber un paso. La lucha democrática y pluralista por el sentido de los hechos y de lo común no patrimonializa ninguna creencia ni sacraliza el punto de vista ajeno, más bien lucha y persuade en un debate igualitario entre voces legítimas.

Maradona:
El más cualquiera de todos nosotros

Javier López Alós,
doctor en Filosofía y escritor

A Daniel Tobías y Andrea

«Sembró alegría en el pueblo».

La mano de Dios,
Alejandro Romero

El 25 de noviembre de 2020 millones de personas en todo el mundo, la mayoría de las cuales ni tan siquiera hemos tenido la suerte de pisar nunca Argentina o Nápoles, notamos una pérdida en nuestras vidas. Es posible que la pérdida se hubiera producido mucho tiempo antes, pero la notamos esa fecha y no pudimos disimularlo más. Durante días, nos acompañó la pena y pasamos horas hablando de él, repasando recuerdos e imágenes que nos desataban todo tipo de sentimientos. ¿Por qué nos puso así? ¿Por qué esa tristeza por alguien a quien no conocimos, pero que, sin embargo, sentimos como nuestro? ¿Por qué esa capacidad evocadora en tantas vidas de alguien que «sólo» jugaba a la pelota? ¿Y por qué esa mezcla de admiración y compasión por el destino de un personaje tan contradictorio como pueda serlo un astro con sombras?

No pocos de los argumentos esgrimidos durante décadas para criticar a Diego Armando Maradona son perfectamente sensatos. Eduardo Galeano acertó al definirlo como «un dios sucio y pecador, el más humano de los dioses». Con innecesaria razón, podría decirse que hablar de Maradona sin referirse a sus momentos menos edificantes es parcial. Y por supuesto que lo es, como todo juicio humano sobre otro humano, como todo elogio y —conviene recordarlo— como debiera ser toda condena. Es difícil, si uno se aplica bien a ello, no encontrar en todo prójimo razones para el repudio. Pero lo que me pregunto en estas breves páginas va en la dirección contraria: a qué responden esas muestras espontáneas de emoción por todo el planeta tras su muerte, cuáles pueden ser las razones que explican el amor y el pesar por Maradona, qué circunstancias se dan para que, sin negar ni celebrar sus errores —tan amplia y rigurosamente expuestos—, en tanta gente sigan pesando mucho más otras facetas de su carácter y otros momentos de su insólita biografía. Pensemos ahora los motivos de nuestra reacción, en lugar de enjuiciar las de las acciones de alguien con sesenta años de una vida difícilmente envidiable.

Primer gol

La complejidad del personaje —que es también la complejidad del mito— puede intuirse en la alternancia entre las expresiones de desolación y los homenajes festivos que se sucedieron por todo el mundo, sobre todo en Argentina y Nápoles, a la noticia del deceso. La pena por la desaparición del Diez y su desdichado final se entremezclaba con la celebración agradecida en recuerdo de quien con su fútbol tanta alegría dio al pueblo, del que siempre se quiso *parte*, aunque para ello hubiera de permanecer *aparte*. Con él quiso compartir el orgullo y dignidad de los que viven de su propio trabajo. En este sentido, la complejidad de Maradona, ésa que no se acomoda con despachar un par de adjetivos, quizá reside en que se trata del más cualquiera de nosotros.

La condición de mito viviente confirió a Maradona una dimensión imposible de manejar por ningún ser humano sin que se agiganten las heridas más profundas. Atendamos a la variable de la distancia para comprender mejor esta ambivalencia. Como dios del fútbol, dentro del campo, resulta inalcanzable para los demás futbolistas, traspasa lo sobrenatural a los ojos de los espectadores, parece poseedor del don de la omnipotencia. Sus compañeros, sus rivales, hinchas y periodistas, todos los que lo miran, advierten al instante que lo que están viendo no lo habían visto antes y saben que no lo verán en nadie más. Como ser humano, uno más, es frágil, vulnerable, incapaz de medir la verdad de los afectos ni los efectos de lo que él entiende sus verdades. Ese hombre, más amado como un dios que como un simple mortal, parece conjurar el miedo a la soledad mediante el fútbol. El fútbol, justamente aquello que lo separa del resto de los mortales y lo que, a la vez, lo acerca a sus compañeros y seguidores, a la gente. Es la paradoja trágica del Diego, la necesidad de ser imprescindible, pero también la necesidad de no serlo y regresar al puro juego sin testigos ni expectativas.

Maradona canta los himnos que le han escrito como si se hubiesen dedicado a otra persona. Ya sea *La mano de Dios* de Alejandro Romero y popularizada por Rodrigo o el *Ho visto Maradona* de los *tifosi* napolitanos, como en tantas cosas, su comportamiento es el de uno más del vestuario o asimilable al de un aficionado anónimo: corea, salta, baila, se abraza, invita a todo el mundo a sumarse, busca por sobre todas las cosas que sus hijas se unan a la fiesta... como si quisiera atrapar esa alegría de vivir que en ocasiones proporciona estar con los otros. «¡Los quiero a todos!», grita, y uno siente que es cierto, que una demanda imposible de amor y abrazo en común, una especie de gol que se prolongara para siempre, late en esa despedida que no consigue hacerse infinita.

Segundo gol

La manera de jugar de Maradona conectó con la experiencia de cualquiera que haya jugado (al fútbol y, en el fondo, a lo que sea) por pura diversión. En ese afán por pasárselo bien y disfrutar con el juego, también fue un cualquiera, que, no obstante, se hacía al mismo tiempo único merced a un despliegue de fantasía y capacidades insuperables. Más aún, en muchos casos supimos que se podían hacer ciertas cosas con un balón cuando se las vimos hacer a él. En otras palabras, era uno de nosotros capaz de hacer lo que ninguno de nosotros siquiera había imaginado como posibilidad. Y además como un juego. Y ganando. O, por decirlo al modo argentino, tan gráfico aquí, saliendo campeón.[1] Así, al carisma de la victoria se unió la sencillez elemental y reconocible en cualquier parte del mundo de divertirse jugando y, además, divertirse ganando. Maradona, creo que esto es fundamental

---

1. Quizá tenga que ver con la particular intensidad popular con la que se vive el fútbol en Argentina, pero es curioso el contraste entre este *salir campeones* y el *quedar campeones* español. En el primer caso, uno puede imaginar que se sale de la cancha campeón y se va a festejarlo. En el segundo, que queda campeón y fija ese título como una conquista.

para entender la gratitud popular al Pelusa y la devoción de sus compañeros, no se contentó con divertirse él, sino que quiso ofrecer ese goce a la gente y compartirlo con sus cada uno de los miembros de los equipos en los que jugó.

El fútbol de alta competición, camino de convertirse en una especialidad tecnocientífica, una vez fue otra cosa más parecida a las experiencias e ilusiones cotidianas de la gente. Hoy sigue importando ganar, pero disfrutar ya no es constitutivo de la práctica de lo que conviene empezar a llamar deporte neoliberal. Incluso cuando se vence, la celebración queda sujeta a las exigencias de un calendario que no da tregua. El genio argentino, con su goce *en* y *del* juego venía a representar la impugnación de todo eso. Que su carrera venga a coincidir en el tiempo con la implantación del nuevo modelo no es un dato menor, y mucho del fervor popular hacia su figura se explica por su condición de perfecto epítome de un fútbol de pasiones sencillas y lealtades colectivas que —es lo que su fallecimiento nos recordó también— dejó de existir.

Se ha citado muchas veces esa entrevista al niño Diego Maradona en los tiempos de Cebollitas, en la que declara unos sueños mundialistas que después habrían de hacerse realidad. No obstante, lo que el Pelusa simboliza es el sueño infantil de todos, la alegría de jugar como si aún se tuvieran diez u once años y sólo importara divertirse. Los instantes de plenitud, los momentos de felicidad que Maradona irradiaba alrededor de la pelota (o con la pelota alrededor de él, como si orbitara en torno a sí), la imaginación desatada de toda obligación... ¿no son esos elementos de una inocencia que perdimos al abandonar la niñez, pero que de pronto reconocemos en la fantasía y la pasión irresponsable de nuestro mito? Maradona se siente libre en el juego, defiende su libertad y la de sus compañeros, para los que exige respeto. Si es necesario, está dispuesto a enfrentarse con quien sea con tal de preservar la verdad del juego. Y además, capitán de los de abajo, quiere extender esa libertad fuera del campo. Porque fuera del campo también se juega, porque la vida también se ha de celebrar como se celebran los goles y todo el mundo debe tener derecho a hacerlo. Es la dimensión plebeya de quien se rebela no en su condición de dios del fútbol, sino de jugador de fútbol cualquiera que no puede ser cualquiera, pero dice lo que a cualquiera callarían. Eso, sentimos, también lo hizo por nosotros, «los cualquiera».

GAMBETAS DESDE
LOS FEMINISMOS PLEBEYOS

¿Feministas maradonianas? Sí, y qué[1]

Luciana Cadahia, *profesora asociada del Instituto de Estética de la Universidad Católica de Chile*

El día que Diego murió muchas feministas salimos a manifestar públicamente nuestra tristeza y dolor por la muerte de un ídolo popular. Mejor dicho: *nuestro* ídolo popular. En mi caso escribí el siguiente mensaje en redes sociales: «Lo diste todo. Nos diste felicidad, fútbol y política. Te hiciste pueblo y nos regalaste un futuro. Que la tierra te sea leve, hermano». No hubo cálculo ni premeditación en mis palabras. No me pregunté si eran o no feministas. Me importó un reverendo carajo. Se me arrugó el pecho con la noticia y fue lo único que pude hacer: mandar un mensajito de amor a alguien que sentía que lo había dado todo. Sí, se reactivó dentro de mí ese magma que llevamos dentro los que dejamos que salgan a la superficie esos sedimentos históricos y contradictorios de nuestra educación sensible. La devoción por los santos populares y por el sacrificio; la fascinación por el exceso de la fiesta que vuelve al pueblo en forma de felicidad; ese resentimiento tan hondo que luego se transmuta en revolución popular. La muerte del Diego nos descubrió sintiendo todo eso a la vez. Y con cada imagen que veíamos del dolor del pueblo nos sentíamos ese pueblo hermanado en un duelo colectivo. Amor, igualdad y fraternidad vivimos el 25 de noviembre. Lloraron Dalma y Gianina, lloraron

---

1. Texto publicado en *Reporte Sexo Piso*, en diciembre de 2020, en la columna «La raja».

las compañeras feministas, lloró el hincha de River junto al de Boca, lloró Alberta junto al periodista que trataba de relatar el suceso. Todo fue un revoltijo de emociones difícil de contener. Y en medio de ese tsunami sentimental, entre chistoso e incontenible, decidí dejarme llevar por la asociación de imágenes y sensaciones que esa noticia me trajo. Me acordé del Mundial del 90, el primero del que tengo memoria. Por ese entonces estudiaba en un colegio público y la directora había decidido sacar el televisor de veinticinco pulgadas de la sala de vídeos y ponerlo en medio del patio de recreos para ver los partidos del Mundial. Éramos trescientos estudiantes alrededor de un televisor diminuto. Nadie veía ni escuchaba nada. Pero eso no importaba. Estábamos ahí, haciendo el aguante a lo impredecible. Y eso impredecible era lo más cercano que teníamos a un deseo de futuro. En ese patio, ni la dictadura cívico-militar, ni la hiperinflación, ni el descalabro económico que desintegraba a cada una de nuestras familias podían manchar esa felicidad colectiva, esa especie de comunión religiosa cocinando la imaginación de un porvenir.

Mientras esas imágenes de la infancia se mezclaban con la certeza de que me tocaría, otra vez, hacer un duelo colectivo en solitario —el otro fue la muerte de Néstor en el 2010—, no pocas compañeras feministas empezaron a cuestionarnos. Habíamos cruzado una línea roja y nos habíamos convertido en traidoras de la Gran Causa.

Encima, el Diego, como no podía ser de otra manera, se vino a morir el día internacional de la lucha contra la violencia de género. Digamos que nos puso en un aprieto y varias feministas decidieron establecer una dicotomía: de un lado estaban las feministas de verdad, las que salían a marchar, y, por otro, las

¿Feministas maradonianas? Sí, y qué

que habíamos decidido hacer un duelo patriarcal, las que llorábamos a un hombre.

Lo que estas compañeras no podían soportar era que se pudieran hacer las dos cosas a la vez, es decir, hacer un duelo por la muerte del Diego y, al mismo tiempo, manifestar en las calles nuestro rechazo a la violencia sistémica contra las mujeres y las diversidades sexuales. ¿Acaso el campo popular no se puede permitir conmemorar y fundir en una misma lucha política la muerte de las hermanas Maribal junto a la de Maradona? ¿No son todas esas vidas la encarnación de una dislocación, algo que se salió fuera de sí y vuelve como rebeldía y lucha popular?

Y ahí es cuando me dije: espérate un poquito, qué le está pasando al deseo individual y colectivo dentro del feminismo como para que lleguemos a este punto. Porque no critican al Diego, critican que *nos duela* la muerte del Diego. Repudian que la imagen del Diego nos produzca felicidad y tristeza. Rechazan que nuestro deseo se haya anudado con la imagen de Maradona. Se ubican en el lugar simbólico de la que juzga a otra compañera y le dice qué está permitido desear y qué no. Y ahí me pregunto: ¿qué idea del deseo tienen esas compañeras que nos critican? ¿Acaso creen que el deseo es algo mecánico que se moldea a punta de un voluntarismo completamente decodificado y transparente a sí mismo? ¿Ése es el deseo que queremos construir desde el feminismo? ¿De verdad? Y ahí nos metemos en un berenjenal terrible que se viene cocinando dentro del movimiento desde hace décadas. Incluso habría que preguntarse hasta qué punto, y mediante un juego de supervivencias históricas, este problema del deseo no nos ata a cuestiones vinculadas con temas tan arcaicos y tan inconfesadamente actuales como el culto a los ídolos, la tensión entre la encarnación, la imagen y el deseo. Como decía la genia de María Moreno en una nota sobre la muerte del Diego: «Algo lloró en mí».[2]

Ese dolor que me arrugó el pecho no era mío. Como tampoco era mía la fiesta colectiva a la que nos invitaban los goles del Diego. Esa felicidad y esa tristeza popular, compañeras, no la elegí yo, aconteció en mí. Y elegí persistir en ellas junto a los demás.

No me interesa un feminismo que no pueda hacerse cargo de ese misterio de lo popular, no me reconozco en un feminismo incapaz de experimentar curiosidad ante las contradicciones de nuestro deseo. No me interesa un feminismo que nos devuelva a las dinámicas del miedo, el castigo y la culpa. Quiero un feminismo que no le tenga miedo a los anudamientos colectivos que se funden en la opacidad del deseo. A fin de cuentas, quiero un feminismo que se haga cargo del *fervor popular*.

---

2. Moreno, M., «Algo lloró en mí», *Página 12*, 29 de noviembre de 2020.

Maradona,
racismo y heterosexualidad obligatoria

Adriana Carrasco,
periodista, feminista lesbiana

«Murió Diego Maradona». Millones de corazones argentinos se detienen durante un segundo. La noticia replica en los teclados virtuales. El dolor se extiende por todo el país.

Fue apenas un día, un rayo atravesó el cielo azul y oro y arrebató el Sol. El duelo público se trasladó en horas a la Casa Rosada, los hinchas de todos los equipos saltaron las rejas de la Casa de Gobierno para darle el adiós al ídolo argentino más grande de las últimas décadas. Maradona, el más grande. Hasta el papa es argentino, pero Maradona es inconmensurablemente más que el papa. Hubo un día en que D10S le habló a su representante más reconocido en la Tierra: «Francisquito, quiero decirle las cosas que debe hacer por el mundo».

La frase «D10S está con Dios», pintada en las paredes, revela que Maradona trasciende la figura del santo pagano. El nombre D10S guarda más relación con el máximo absoluto contrato de la cristología de Nicolás de Cusa.

En La Boca, capital del fútbol, se deshacen lentamente los elementos del altar que el pueblo del fútbol le erigió a Diego. Permanecen restos de una batería de pirotecnia de 25 tiros, velas derretidas, un bidón de agua bendita de Luján. Un sobre de mayonesa. Carteles con leyendas: «Gracias eternas, 10 infinito», «Gracias, D10S, por el fútbol», «Gracias, Pelusa, soy soldado de D10S», «Descansa en paz. Basma El Yemlah de

Marruecos», «*I tifosi agnonesi del Napoli D.A.M. unido e indiscusso protagonista del calcio mondiale*».

Frente al altar, un enorme afiche muestra a la Sagrada Familia maradoniana, Don Diego, Doña Tota y el Hijo, y en lugar del burro y la vaca del pesebre, se estaciona el trencito del manisero pintado con los colores de Boca. El galpón del pesebre es un playón de grúas Clark vacío, como símbolo de la devastación de la industria nacional.

Entretanto, la maquinaria del régimen heterosexual se pone en marcha para impedir la elevación a santo popular del apóstol de Fiorito. Según se difundió, la esposa —a quien Maradona apartó de su vida— dispone que cese el funeral y se proceda rápidamente al entierro en tumba de cementerio parque, lo más lejos posible de la vista del pueblo maradoniano. No habrá museo de Maradona ni cuerpo embalsamado a la espera del Juicio. Los medios informan que los herederos carnales deliberan sobre la subasta de reliquias, que quedarán reservadas para las vitrinas de los financistas contra los que predicó Diego Maradona. Haber suspendido abruptamente el velorio produce una estampida y genera la saña policial que persigue y golpea en las calles a los niños y adultos que se acercaron al centro de la ciudad para despedirse de ¿Dios hecho hombre?

* * *

Mención aparte merecen el duelo y el contraduelo en las redes sociales. Concentrémonos en Argentina y en un sector de los feminismos locales que condenó a Maradona en las redes sociales por macho heterosexual violento y misógino. No es la primera vez que el feminismo argentino hegemónico lo heterosexualiza todo. Suele ocurrir.

Y no es casual que en un país colonial como la Argentina se impusiera, en los últimos veinte años, una línea feminista que deriva de una mixtura entre el feminismo radical y el de la diferencia, que cristaliza a las mujeres en el lugar de por-siempre-víctimas y necesitadas de tutela y de protección por parte de las fuerzas represivas del Estado. Para esta línea de los feminismos, las mujeres son débiles por naturaleza y, como consecuencia, hay hombres malvados que se aprovechan individualmente de ellas. Entonces sería perverso hacer recaer en las mujeres la responsabilidad de defenderse a sí mismas porque, al ser débiles por naturaleza, no tienen posibilidad de hacerlo. Ni soñar con una crítica más profunda de por qué no se permite que las mujeres desarrollen todo su potencial, incluida su capacidad de defenderse.

El feminismo de la diferencia es biologicista y esencialista y separa el mundo en vaginas y penes. Las gónadas se expresan en sociedad. Se trata de una realidad inamovible, basada en la afirmación de la categoría de sexo y el binarismo sexual biologicista.

Lejos de esta construcción, los feminismos rebeldes en la Argentina nacieron con la llegada de inmigrantes anarquistas y socialistas. Y antes también, con la ocupación del espacio público por las negras esclavizadas, que se organizaban y huían al quilombo, y por la rebeldía de las que abortaban con hierbas y se negaban a traer hijos esclavizados al mundo. Esas mujeres eran fuertes y no precisaban tutela. Eso las convertía en sospechosas de violencia y perversidad. Pese a que la sociedad les negaba el derecho a defenderse de cualquier ataque, igual lo intentaban. Ideaban y llevaban a cabo prácticas, tácticas y estrategias individuales y colectivas de lucha y de autodefensa.

El feminismo radical blanco y victimizante no cuestiona la ingeniería social de construcción de cuerpos que respondan a la categoría binaria de sexo. Y cuando esta construcción del feminismo radical de la diferencia se asienta en sociedades estructuralmente racistas como la argentina, con un racismo negacionista y solapado bajo el concepto de «crisol de razas», la opresión racista es subalternizada y minimizada. Es un feminismo que se asienta sobre una episteme racista. Nada le importa que las personas racializadas hayan tenido que desarrollar estrategias de supervivencia durante siglos, y que dentro de esas estrategias quede imbricada la opresión de sexo. No es lo mismo la opresión que ejerce el hombre blanco que la que ejerce el hombre racializado. La opresión de un hombre racializado sobre una mujer está imbricada con la opresión que sufre por la sociedad racista.

La mayoría de la población argentina es racializada —como racializado fue Maradona— y está entrenada en el olvido de los antepasados negros, indígenas y gauchos de quienes se enseñó que «no hay que ahorrar sangre». El sistema educativo argentino se edificó desde 1884 como lavadero industrial para remover las manchas de la «barbarie»/negrura y promover «decencia»/blancura, junto con los diferentes dispositivos represivos.

Frente al argumento de que Maradona fue un hombre racializado (y obligado por el negocio del fútbol a exhibirse como un hombre heterosexual), muchas feministas piden la pica para la cabeza del ídolo muerto y sostienen que «Maradona era rico». Es un problema individual de Maradona haber elegido consumir mujeres como objetos y haber sido violento con ellas. Simone de Beauvoir le hubiera preguntado a Sartre: «¿Y la situación?». El problema de la violencia de los hombres hacia las mujeres, para estas feministas, es la suma de las violencias individuales. Para ellas, la sociedad argentina es muy machista, pero ¿qué es eso del racismo y de la imbricación de las opresiones? ¿Y la violencia de la represión heterosexista?

¿Por qué la violencia del hombre blanco europeo-argentino de ojos celestes, la de un presidente Mauricio Macri y sus funcionarios económicos, que llevan a cabo la destrucción del sistema productivo de todo un país, que arrojan a la miseria a millones de mujeres a lo largo de cuatro años de gobierno, no produce la misma furia e indignación? ¿Por qué a Maradona se lo analiza solamente en términos de sexo-género? ¿Por qué a Macri se lo analiza solamente en términos de clase? ¿Qué está faltando ahí?

Para que un hombre racializado sea exitoso y borre su marca de origen, la sociedad argentina le exige que exhiba riquezas, y entre las riquezas cuentan las mujeres. Algo no cerró en Maradona, que nunca quiso borrar su marca de origen. La sociedad argentina falló con Maradona.

* * *

Desde los tiempos en que se descubrió que el fútbol podía convertirse en un gran disciplinador social de los sectores populares, en la década de 1920, la cultura del fútbol modela ciudadanía masculina en Argentina. Los maricones quedan excluidos del fútbol y por extensión todos los PUTOS. Con mayúscula sostenida igual que su contrario, DIOS. La exhibición del consumo de mujeres es parte del juego, porque garantiza que la pelota no se mancha con homosexualidad. Ni con bisexualidad.

Una de las mejores despedidas a Maradona fue la de un jugador amigo y compañero de los primeros tiempos, cuando «el Diego» tomó contacto con la noche y la cocaína. Como al pasar recordó en una entrevista radial que el representante de ambos, para aquella época, «ya tenía un par de jugadores». «En la calle Martín García tenía un departamento de tres ambientes con una sola cama matrimonial. Y yo me quedé a vivir con él. Se hacía la señal de la cruz, y cuando yo oía que se quedaba dormido, me tomaba el raje. Lo tenía loco». En Argentina no es costumbre que dos hombres heterosexuales adultos compartan la misma cama si tienen los recursos para comprar otra o un sofá o tirar un colchón en el piso. Todos los códigos de complicidad con el negocio del fútbol y la explotación de jugadores se derrumbaron en aquella despedida radiofónica.

¿Qué lectura de Diego Maradona, como figura histórica ordenadora de la sociedad argentina, haremos les feministes de aquí a diez años? O mejor, preguntémonos qué tan a fondo pretendemos ir respecto de nosotres mismes.

¿POR QUÉ QUEREMOS TANTO AL DIEGO SI SOMOS FEMINISTAS?

NADIA FINK, LISBET MONTAÑA ERAZO
y CAMILA PARODI,
integrantes del Colectivo Editorial Marcha

Esta será la primera —y última— nota en la que daremos explicaciones sobre nuestros sentimientos y elecciones. Para nosotras, el feminismo es mucho más que una causa por la lucha de derechos específicos. Para nosotras, el feminismo es un modo de mirar, amar, disfrutar y habitar nuestras vidas. Y nuestras vidas no son más que permanentes contradicciones, por eso, en las siguientes palabras, dedicamos unas reflexiones a esos sentimientos, elecciones y contradicciones para reforzar lo que somos: feministas, populares y maradonianas.

Tenemos memoria y no olvidamos la violencia que ha ejercido contra muchas mujeres, lo tenemos claro y sabemos que es parte de la sociedad y el futuro por el que luchamos: que ser macho no signifique tener privilegios ni ejercer violencia alguna contra el cuerpo de las mujeres. Que ser macho no sea cuestión de poderes ni de fuerzas físicas. Pero en medio de tanto ruido ahogando la voz de las y los pobres, no nos olvidamos de que el Diego y su fútbol siempre apuntaron hacia el sur. Desde su nacimiento estuvo marcado con esta estrella y siempre supo bien de dónde vino y hacia dónde quería apuntar: salió del barro y nunca olvidó su origen, la conciencia de clase la forjó en los lugares donde perfeccionó su arte con la pelota y con los más olvidados convirtió al fútbol en el escenario para hacer visible lo invisible.

Si hablamos de Diego, hablamos de pueblo, ése que siempre lo acompañó, no sólo por sus jugadas, sino porque los barrios humildes se sentían representados en su rebeldía y en sus decisiones. Fue, también, capaz de darle la espalda a ese fútbol de maquila, como en el momento en el que se fue de Barcelona para darle la gloria a un equipo del sur de Italia, al enorme Napoli, y quitarle la hegemonía a los ricos del norte, a la poderosa Juventus de Platini, al poderoso Milan de Berlusconi; el Diego le plantó cara a los más poderosos y proyectó su voz desde lo colectivo.

Se reveló contra la maquinaria y la multinacional de la FIFA y la Conmebol porque no aceptaba el juego de los poderosos y prefirió poner su posición política por delante. El costo fue alto: fueron esos mismos poderosos quienes le cortaron las piernas en el Mundial del 94, y sufrimos todas y todos. Sin embargo, el Diego no aprendió la lección y su desobediencia fue plantarse ante el bloqueo contra Cuba, apoyar la Revolución bolivariana en Venezuela, jugar fútbol con Evo y apoyar la paz en Colombia, siempre cuando las voces sonaban tibias. Desde hace unos años a esta parte, además, para los jugadores multimillonarios, participar de la selección muchas veces no es una prioridad. Hay demasiados intereses en juego para abandonar partidos en sus clubes. Y ahí vuelve el Diego en una imagen de Italia 90: llorando ante las cámaras la derrota de un Mundial que jugó pese a no sentirse en forma.

Pero las autoras de esta nota no somos las únicas que salimos del armario en nuestro amor por Maradona. Por eso sumamos otras voces que nos ayudan a mirar, a poner las contradicciones sobre la mesa, a no borrar nuestro pasado, nuestra crianza, y nuestras pasiones, que poco caben en un puñado de palabras.

«Me es inconcebible pensar el mundo sin Maradona como me es inconcebible pensar al mundo sin el feminismo».
Mónica Santino es exjugadora de fútbol, parte de La Nuestra, de la Villa 31. Y nos dice:

> No sé por qué hay que explicar permanentemente por qué se ama a alguien. Se ama a alguien por lo que hace, por lo que significa. Y todo lo que significa trascendió la cancha de fútbol y el campo de juego porque fue una persona capaz de transmitir un nivel de emoción pocas veces visto. El fútbol genera eso, hace eso, logra que te abraces con alguien que no conocés cuando tu equipo hace un gol. El fútbol hace que llores profundamente, que tengas una alegría a veces inconcebible o desmesurada. Y Maradona es fútbol y Maradona es todo eso.
> Maradona es una persona que nunca se olvida de dónde viene, cuál es su origen y del que está orgulloso. Eso es un punto de cercanía con un movimiento social como el feminismo, que desea transformar el mundo. Y Maradona, a su manera, y algunas veces machista, también, intenta transformar al mundo. Entonces, tenemos más puntos en común que desuniones y después, claro que están las contradicciones, pero son parte de la vida y del juego mismo.
> Me es inconcebible pensar el mundo sin Maradona como me es inconcebible pensar al mundo sin el feminismo. Entonces, poner en contradicción una cosa con la otra, como que si sos feminista no podés querer a Maradona, no

es el feminismo que me gusta ni del que quiero participar. Tampoco es el feminismo como herramienta que utilizo para transformar la vida propia y de quienes me rodean: simplemente, un mundo más justo donde no haya oprimidos ni oprimidas. Y Maradona tiene mucho de eso.

Soy maradoniana, soy feminista, soy lesbiana, soy porteña y amo al país entero. Soy peronista y detesté los diez años de menemismo. Soy todo eso como nos pasa a la mayoría de nosotres: un mar de contradicciones que nos hace estar vivas, nunca para comer, dormir y mirar la tele, sino para arder y cambiarlo todo, como Diego lo hizo en todos sus años de jugador y hoy lo hace cumpliendo 60 años.

«¿Ser feminista es tener que borrar nuestras historias, los recorridos, eso que alguna vez nos hizo vibrar de emoción?». Ro Ferrer es comunicadora, ilustradora e historietista y suma su mirada:

Quién sería yo sin el puño en alto del Diego, el llanto desconsolado, la construcción de una mística de equipo y pueblo... sin el corazón acelerado cuando los músculos de sus gambas se tensaban en ese instante en el que su pie tocaba la redonda y empezaban a bailar...

Soy feminista y convivo con muchas contradicciones, también reconociendo errores, propios y ajenos.

Hizo que yo amara el fútbol. Y no es Dios, es un hombre que además de gloria, tuvo y tiene miserias; que nació parte de esta cultura de mierda que te levanta y aplasta con la misma fuerza, que le enseña a los varones que nosotras somos su «propiedad privada», que tienen todos los privilegios y escasas responsabilidades más que las pautadas desde los espacios de poder.

Soy feminista y maradoniana, porque cuando lo veo, viene mi niñez a abrazarme.

«Es oro, y también es barro». Ayelén Pujol es periodista deportiva y juega a la pelota. Desde ahí nos dice:

> A mí me interpela su fútbol, obviamente, y que siempre está del lado de los oprimidos. Cuando lo veía jugar y hablar, soñaba ser como él: romperla en la cancha, ilusionarme con pegarle así de zurda, y después salir y decir las cosas que decía. Es un creador, nos invitaba a pensar mundos nuevos y más justos posibles a través del fútbol. Es oro y también barro, claro.

Y en este recorrido encontramos un escrito que nos interpeló y que nos disparó las ganas de seguir pensando. Por eso sumamos a Maia Moreira, del departamento de género del Club Lanús (del que es hincha) con su nota **«Maradoniana y feminista: el orden de los factores no altera el producto»**,[1] en el portal «La pelota siempre al Diez», donde nos dice, entre otras cosas:

Hay tantos feminismos como feministas, por eso a mí me gusta definir el feminismo que habito desde algunas cuestiones que considero fundamentales. Una de ellas es derribar ese axioma que marca absurdamente la antinomia de ser feminista y maradoniana.

---

1. http://siemprelapelotaal10.blogspot.com/2020/10/maradoneana-y-feminista-el-orden-de-los.html

[...] Como tantas otras, construyo mi vida en torno a mis gustos. Me encanta ser feliz pensando que —como aprendí de El Diego y del feminismo— esa existencia se cruza con los sentires de miles de compañeras que también desean una realidad mejor y más justa: un mundo más igualitario. Para mí, la militancia feminista tiene muchísimo que ver con ese espíritu de equipo que yo veo en Diego siempre latente, aun con el paso del tiempo. Creo que Maradona está siempre presente en esa mezcla que amalgama lo popular y lo académico y que, no casualmente, a muchas nos encontró con la excusa perfecta: el fútbol. Excusa que también usamos como herramienta para hacer que ese mundo, donde tengamos igualdad de derechos, llegue a ser realidad.

No quiero como feminista que nos olvidemos de dónde venimos, quiero que nos sepamos y aceptemos diferentes, que nos duela lo injusto, que juguemos en equipo. Y siento desde lo más genuino que Diego es, aun con sus fallas —como yo lo soy con todas las mías— un poco eso. Pelusa habla desde su origen de barro, aceptó su nuevo mundo, pero nunca jamás dejó de cuestionarlo cuando lo creyó injusto. Y siempre —ojalá, eternamente— arma equipo y nos regala alegrías. Diego es encuentro, es la nada y la gloria que nos cantó Patricio Rey, es pueblo.

Y nos vamos, no sin dejar de desearle feliz cumpleaños al tipo por el que rezamos o prendimos velas, por el que cumplimos nuestros rituales cuando su vida se esfumaba y miles de personas lloraban y esperaban en todos lados. Nos vamos y nos seguimos pensando y cuestionando: nos equivocamos, y a veces pagamos y a veces no. Un poco como él mismo, que se hace cargo de los errores. Y compartimos estas ideas porque nuestro feminismo se construye en el barro y en la contradicción; en la colectividad y en la celebración; en el llanto y en el dolor cotidiano por la injusticia. Lo queremos cambiar todos los días y, mientras tanto, gritamos gol y nos abrazamos.

Si no puedo llorar no es mi revolución[1]

Noe Gall, *ensayista, feminista prosexo*

Se murió «el» Diego y abrió un duelo nacional y mundial, desde el minuto cero las redes se llenaron de mensajes y fotografías alusivas, como también las calles de diferentes ciudades del mundo. Sucedió un 25 de noviembre, día Internacional de la Eliminación de la Violencia contra las Mujeres, lo que llevó a relacionar la muerte de Maradona con esta fecha indefectiblemente.

La figura de Maradona fuera de la cancha, en su vida doméstica, privada, afectiva, está atravesada por todo tipo de acusaciones, hijos e hijas no reconocidos, escándalos, violencias que se hicieron públicas y que no pretendo desconocer, todo lo contrario. ¿Se puede querer a un machista? ¿Se puede llorar a un machista? ¿La violencia ejercida por una persona invalida cualquier tipo de afecto «positivo» hacia esa persona? ¿Las personas son violentas o tienen prácticas violentas? ¿Cuál es el límite, lo dirime la justicia penal, la justicia feminista, el escrutinio público o Dios?

En las redes sociales se desplegó una maquinaria de vigilancia feminista que pretendió determinar qué se podía duelar públicamente un 25 de noviembre, qué nos podía doler y qué no, marcando como una contradicción imposible duelar al

---

1. Este texto fue escrito el 26 de noviembre de 2020, en el fulgor del duelo nacional, acompañado por las imágenes del velorio en la Casa Rosada, del recorrido del automóvil que llevó su cuerpo, y fue publicado parcialmente en el medio *El Cohete a la Luna*. Agradezco a Horacio Verbitsky por su generosidad de siempre.

Diego y repudiar la violencia de género en un mismo día. Como si un sentimiento invalidara al otro, como si se no se pudiera sentir más de una sola cosa a la vez, como si fuera así de simple. ¿Quién tiene tanto autogobierno de las emociones?

Me parece importante detenernos en el hecho de cómo funcionan las redes sociales desde hace un tiempo, la vacilación entre esa necesidad imperiosa de tener una opinión sobre el mundo, pronunciarse ante cualquier hecho significante que planteen los medios de comunicación, y las maneras de interactuar entre nosotres. A medida que transcurrían las horas, luego de la noticia, empezaron las discusiones. El principal problema, a mi entender, no fueron los repudios a Maradona, sino los insultos a las personas que de alguna manera lo lamentábamos y lo expresamos públicamente, instalándose así un sistema de vigilancia en los muros de diferentes personas públicas o referentes políticos, expectantes ante cómo se pronunciaban sobre la muerte de un símbolo. El caso que me hizo detener y reflexionar parte de lo aquí vertido fue el de las Abuelas de Plaza de Mayo. En sus cuentas de redes sociales expresaron su tristeza, recordando el apoyo del Diez en épocas muy difíciles para la búsqueda de verdad y justicia. Muchas —demasiadas— feministas jóvenes —muy jóvenes— se detuvieron a comentar y señalarles: «no es por acá, abuelas».

¿Funciona el feminismo como un ente regulador de las emociones públicas? ¿Te vuelve menos feminista estar apenada por la muerte de Maradona? Si bien esa vigilancia sucede en todos los movimientos políticos, aquí hubo un plus. ¿Hay en los feminismos una relación directa entre los afectos y la práctica política? ¿Hay un sentir feminista? ¿Quién determina qué puede llorar una feminista? ¿Por qué a otra feminista le importa políticamente por quién me conmuevo? Los afectos son políticos, pero la politización de los afectos poco tiene que ver con la vigilancia, y más bien con la empatía, con ponerte en el lugar de la otra, preguntar, no juzgar, acompañar, ¿la sororidad no era eso?

Los feminismos son una de las fuerzas más potentes y revolucionarias de nuestros tiempos, con el impulso suficiente para cuestionar todo lo que se suponía dado o natural, con una energía de transformación admirable y con la determinación de tomar las calles cada vez que es necesario; una lucha política única en el mundo. Eso es poder, y no todas saben qué hacer con el poder. Hay quienes deciden usarlo para hacer del mundo un lugar mejor, abriendo caminos, posibilitando vidas plenas donde sólo había violencias, planificando programas, protocolos, imaginando otras existencias. Y hay quienes lo utilizan como régimen moral para determinar el comportamiento de la tropa, donde una buena feminista no puede llorar a los Maradonas.

¿Qué significa esto? Algunas feministas pretenden marcar la agenda política emocional, dirimiendo qué vidas se pueden llorar y por ende amar públicamente y qué vidas no, a la vez que trazan una relación directa entre los sentimientos y la política, aislando al género de otras intersecciones que hacen a la vida, como la raza, la clase social, la sexualidad o el territorio. Movimientos masivos como el Ni una Menos, entre otras cosas, disputaron el carácter público de los duelos: ¿a quiénes llora una nación? Lograron poner en la agenda emocional la muerte de muchas mujeres y llenar las calles de personas reclamando justicia, conmovidas ante los feminicidios, politizando la afectividad de un país que no reaccionaba ante el asesinato de tantas.

No todas nos vamos a conmover por lo mismo, eso es la libertad, ni todas nos vamos a conmover de la misma manera, pero todas tenemos el derecho de nombrar lo que nos conmueve sin avergonzarnos. Los afectos son históricos, tienen memoria, tienen hogar, tienen olores, hacen que seamos quienes somos, el Diego para mucha gente es su infancia, o su vida adulta, la revancha de una guerra y lo más cercano a la gloria a través de un Mundial. El afecto se entreteje socialmente pero de manera singular, la mayoría asocia al Diego con algún familiar, alguna anécdota, alguna historia pasada o presente, y lo *siente* con todas sus fuerzas, con sus poros, y se agolpa en las redes, o en la Rosada. Esa pasión de clara raigambre popular que despierta el fútbol y que es intransferible está de luto, y muchas feministas se sienten parte de ese gran duelo nacional.

Para ser parte de una comunidad política no es necesario que nos emocionemos con lo mismo; podemos vivir en una democracia afectiva, lo que no podemos hacer es atribuirnos el deber moral de decirle a otras qué y cómo sentir, que sus sentimientos hacia el Diego están mal, que te convierten en cómplice de sus violencias, que te vuelven una mala feminista, que le quitan legitimidad a la lucha contra la violencia de género. ¿Cómo llega un movimiento político a arrogarse ese poder? ¿Qué relación política se traza entre lo que nos conmueve y esta manera del deber moral y emocional? Como movimiento nos debemos muchas discusiones, pero es imperioso detenernos a pensar en la dimensión política de los afectos, qué emocionalidades estamos disputando y construyendo, y cuáles estamos cancelando.

De todas las manifestaciones públicas en las redes sociales, hay dos aspectos que me llamaron la atención. Por un lado, la cuestión etaria, una generación de gente muy joven que se crio con la versión en decadencia del Diego, y también en otro estado de derechos, con otra conciencia feminista, lo que hace comprensible que no sienta nada o que sientan sólo rechazo ante la figura que los medios montaron de esa persona —que, cabe aclarar, tenía posiciones políticas muy bien definidas—. No todas tienen que duelar a Maradona, ni tener una relación afectiva con su figura, el límite es esa línea delgada entre no sentir nada y sentir la necesidad imperiosa de decirles a otras qué y cómo sentir. El otro aspecto es la cuestión geopolítica, entre las feministas que no son argentinas, sólo parecía haber espanto y horror frente a la reacción de muchas de nosotras ante su muerte. Lo que nos invita a reflexionar en la condición de los afectos, el acontecimiento, el tiempo y el espacio compartido. ¿Cómo transmitimos a otras generaciones y a otros territorios nuestros afectos, nuestras contradicciones y nuestras preguntas ante la violencia, en definitiva, lo que llamamos experiencia? Argentina, el granero del mundo, ese país productor y exportador de materia prima, de ideas, de cultura, de luchas políticas, de movimientos masivos y emancipadores, ¿Cómo exportamos lo que sentimos por el Diego? Ese mito plebeyo como bien reza lo que aquí nos congrega, los sueños que engloba, la esperanza, la justicia, la vida.

Los feminismos como movimiento político emancipador y revolucionario no pueden devenir en un mero patrullaje moral y emocional. Su potencia política se manifiesta en su capacidad para atravesar la dimensión histórica en la que se sitúa un acontecimiento como el que se dio en estos días, en poder navegar a mar abierto en los sentimientos de los pueblos, de lo contrario, estamos relegándolos a un lugar muy pequeño, hermético. Si no puedo llorar, no es mi revolución.

Maradona, la gambeta que no pudo evitar el purismo interseccional

José Romero Losacco, *antropólogo/activista decolonial*

No me gusta sumarme a los epitafios públicos, a ésos que abundan en las redes sociales cuando muere una *celebrity*. Quiero pensar que esta negativa, en mi caso, va de entender que la muerte y el duelo no son cosa pública, sino comunitaria, porque la muerte es también uno de los comunes —que tampoco escapa a la privatización en manos de la industria funeraria, por cierto—. Sin embargo, el reciente fallecimiento de Maradona me ha tomado por sorpresa, pero no por su muerte en sí, sino porque ésta ha significado una revelación de las profundas contradicciones no asumidas por los purismos de lo que ya me viene pareciendo una suerte de posmodernismo interseccional amparado con una retórica antirracista y decolonial.

Si la muerte de Maradona llama mi atención es por lo que nos muestra. Para ello me pregunto por qué causa tanto debate, por qué es detestado por unos e idolatrado por otros. Mi primera respuesta a esto tiene que ver inevitablemente con que Maradona fue una zurda impostura, fue una gambeta tanto para quienes ejercen fetichistamente el poder, como para esos que ejercen de forma purista la crítica a ese ejercicio del poder. Y es de estos últimos de los que quiero hablar, porque a los primeros ya los conocemos.

Horas después de hacerse pública la noticia, en las redes sociales se asistió a una avalancha de comentarios por parte de quienes sienten esta muerte como suya, pero al mismo tiempo no faltaron quienes, desde algunos feminismos, rápidamente se dedicaron a mostrar la oscuridad de Maradona, su machismo y misoginia. Levantando argumentos pontificios evitan los claroscuros, pero en sus argumentos habita una verdad tan irrefutable como abstracta. Por supuesto, las dos visiones sobre un mismo ser humano fueron el caldo perfecto para un complejo debate.

Referencias del movimiento antirracista y del feminismo decolonial, como Yuderkis Espinosa, señalaban cuestiones fundamentales para este debate, por ejemplo: «Vivir la contradicción y estar del lado del pueblo, siempre, siempre. Llorar con las madres de la villa que sienten haber perdido un hijo... Éste es el límite en donde queda claro ese lugar inhóspito, aporético y gris de la intersección. Aquí es donde sabemos quiénes lo ven únicamente desde afuera, desde el otro lado de la línea que fragmenta el mundo en el "nosotras, las de la consciencia clara" y "el resto" (inconsciente, oscuro, sucio, contaminado...). Ese "resto" —que son mayoría— son las mismas condenadas de siempre: ellas, nos-otras, las contaminadas, las pueblo... Las que lloran al hijo ladrón, delincuente, macho —da igual— con olor a pueblo... Maradona».

En mi opinión (masculina, como alguien me sugirió) lo que aprendo de estas palabras es que quienes presumen pulcritud ideológica no hacen más que reproducir el racismo/clasismo de clase media con el que se castiga a las madres del pueblo cuando, al llorar por su hijo delincuente, salen las buenas costumbres y le recuerdan que éste era un criminal. Y es que no entienden, quienes salen a crucificar a aquél, que «estaba muerto hace mucho tiempo», como dijera el comentarista deportivo Alex Candal. Porque a Maradona lo intentaron matar, como lo han hecho con el Gandhi edulcorado por los ingleses, o el Mandela héroe de quienes antes lo ficharon como terrorista. Pero Maradona les fue esquivo, usó la zurda para quebrar sus cinturas esclerotizadas por el fetichismo. Quienes lloran junto y con el pueblo no ignoran que *D10s* tenía su lado oscuro; pero como la madre que llora a su hijo, porque es suyo, muchos y muchas lo hacen por Maradona.

Debo decir que lo que me ha impulsado a escribir estas líneas fueron las palabras de Richy Villegas, un buen amigo en Venezuela. Fue él quien me hizo ver que quienes hoy salen a poner el dedo en las sombras de Maradona, lo hacen de la misma manera a como se interviene desde ciertas izquierdas en la realidad política latinoamericana. Gracias a él recordé inmediatamente lo sucedido tras el golpe de Estado en Bolivia. Muchas de las voces que hoy proclaman *detestar al macho villero* salieron con el mismo tono litúrgico a justificar un golpe de Estado, ya que éste era resultado del macho Evo Morales y su patriarcado.

En nombre de no sé qué feminismo ha de banalizarse un golpe de Estado, pero un año después se banaliza, del mismo modo, el dolor de quienes lloran a Maradona. Se trata de más de lo mismo, hablar en nombre de lo común, para hacer de la muerte algo público y así privatizar la experiencia vital de una persona al despojarla de toda historicidad. Lo más problemático de todo ello, que se realiza haciendo gala de un internacionalismo abstracto. Por eso no comprenden que Houria Boutledja, citando a Olivier Pironet, hable del Pelusa en estos términos: «El genio del fútbol argentino, Diego Maradona, acaba de morir. Para rendirle homenaje, se desprende de detrás de los fagots un papel sobre sus compromisos socialistas y antiimperialistas —sin olvidar su apoyo a Palestina—, que eran excepciones en el universo del balón redondo. Q. E. P. D., Pibe de Oro».

No pueden comprenderlo porque su crítica es sólo purismo moralista, sin caer en la cuenta de que la verdadera interseccionalidad implica historizar la lucha, así quizás comprendan que la cita de Houria Boutledja no es en abstracto, quizás se enteren que resaltar el compromiso de Maradona con la causa del pueblo palestino, y no su machismo, es un ponerse delante de la carta escrita por Macron, quien no dudó en hacer referencia de la relación del villero con Fidel Castro y Hugo Chávez. Porque como dice Richy Villegas, el debate sobre el Diego es otro, «porque lo que se debate es la postura de algunas feministas, quienes en el momento de la muerte de Diego no empatizan con el sentimiento popular, por el contrario, aprovechan la situación para señalar fundamentalmente al Maradona machista, al Maradona pederasta, al Maradona misógino».

Y es que Maradona es una figura polémica no por drogadicto, pederasta o misógino, de estos abundan y el mundo no se horroriza, todo lo contrario, hasta homenajes se les realiza, sino porque molestaba a ésos que detentan fetichistamente el poder, porque era villero, porque era del sur. Si Maradona hubiera sido inglés, admirador de Ronald Reagan y miembro emblemático de los Beatles, nadie estaría gritando a los cuatro vientos lo que se dice de Maradona. Y por si no han caído en la cuenta, el ejemplo es real: el icono pop de la generación de Woodstock, John Lennon, abandonó a su primera esposa cuando ésta se encontraba embarazada, y pasaron casi dos décadas hasta que habló con su hijo. Ya vimos cómo, tan sólo unas semanas después de la muerte de Maradona, el 8 de diciembre, al cumplirse aniversario número cuarenta de su asesinato, el interseccionalismo abstracto guardó silencio frente a los homenajes a la figura de Lennon.[1]

Pero dejemos a Lennon en paz un rato, ya vendrá el momento de escribir sobre él, y centrémonos en la increíble simetría con la que se habla de Maradona y de Evo Morales, el paralelismo de los argumentos del instersecccionalismo abstracto. Se trata de puro moralismo (y ya sabemos lo que esto tiene de reaccionario), al punto de que se han dejado ver comentarios por las redes sociales que invitan a «hacer un balance crítico de la figura de Maradona». Siguiendo con Yuderkis Espinoza, ¿de verdad le pediríamos a esa madre villera que hiciera balance crítico sobre la figura de su hijo mientras aún está caliente su cadáver?

En este sentido, me quedo con lo señala Adriana Carrasco:[2] «¿Por qué produce tanto rechazo a las feministas el machismo de Maradona? ¿Por qué produce menos rechazo en términos feministas el despojo estructural que causó Mauricio Macri y la banda de fugadores seriales de divisas, y no se llega a leer como violencia machista el saqueo del Estado? Mauricio Macri y los fugadores, ¿habrán abandonado hijes? No sabemos. ¿Habrán consumido prostitución adolescente? No sabemos. No son racializados, eso sí sabemos».

---

1. En ningún sentido se trata de justificar las contradicciones y los vicios de uno a partir de los del otro, el argumento que expongo no es moral, la pregunta que intenta realizar es cuál es la diferencia entre Maradona y John Lennon, por qué molesta tanto el primero mientras el segundo no. Allí está el detalle que diferencia un interseccionalismo abstracto o teórico de una interseccionalidad epistémica.
2. Carrasco, A., «Género, clase y raza para llorar a Maradona», *Revista Anfibia*, 2020.

Allí está el detalle. Como diría Mario Moreno, no es lo mismo ser un violador racializado que un violador en la cima del complejo jerárquico del mundo moderno; no es lo mismo ser un menor no acompañado (MENA) acusado de agresión sexual en el contexto del Estado español que ser Placido Domingo. Este último tiene el privilegio de la duda y la presunción de inocencia, pero si se es un MENA nada de esto existe: son culpables antes de que se demuestre, no irán a juicio en libertad porque su peligrosidad se da por hecho. No es lo mismo ser Maradona que Bill Clinton.

En este sentido, vale contrastar al caballero de la FIFA, Pelé, de origen humilde, pero que prefirió ser el Tío Tom de la mafia a la que Maradona optó por denunciar, decisión que le ha valido al primero un tratamiento ejemplar por parte de la prensa mundial, sobre todo cuando se tratan las denuncias de su expareja, la brasilera Xuxa. Pero, claro, Pelé no hace ruido, no representa una amenaza, es la imagen domesticada del pobre, ése que cumple su sueño de encajar en los marcos de una élite que en el fondo los desprecia a los dos. El brasilero, una atracción del circo; Maradona, un tipo molesto al que había que destruir, y claro, motivos no faltaron, ni faltarán.

Al final de cuentas, lo importante de todo esto es cómo nos vemos reflejados en ello. Ésa es la pregunta que también se hace Richy Villegas: ¿cómo se posiciona uno decolonialmente ante las contradicciones del Diego? Pregunta fundamental porque en el fondo no se trata de Maradona, sino de lo que la pregunta señala sobre uno mismo. Es decolonial, interseccional y antirracista deshistorizar al pibe de villa pobreza; es pensamiento crítico no binario la crítica moral siempre abstracta, aquella que se señala sin asumir, a veces ni de manera retórica, las contradicciones propias de quien emite el juicio. No se trata de una cuestión irrelevante, se trata de una cuestión política.

Por eso prefiero cerrar con las palabras de Georgina Orellano Ammar: «Cuándo abandonaremos esa mezquina costumbre de ponerse la gorra rápidamente, celebrar o anular el dolor popular, de subirse al patrullero para dar consejos desde un feminismo tan antipopular e inhumano... A las que plantean un día como hoy la distancia, celebración o cancelación las prefiero lejos, me permito vivir en la puta contradicción sin individualizar en una persona un problema social que es estructural y cultural».

UN LEGADO SENSIBLE:
LA INVERSIÓN DEL CUERPO

Orfandad y gloria[1]

Horacio González,
sociólogo, escritor y ensayista. Exdirector de la Biblioteca Nacional de la República Argentina

Quizás el hombre sea una pasión inútil, como dijo un filósofo. Cuando ese filósofo murió, una conmoción recorrió los ambientes culturales de Europa y América Latina. Murió Maradona y la conmoción fue mayor, distinta y absorta. No la podemos medir. No podía ser una pasión inútil. Pero no era posible identificar claramente por qué. Era una figura esencial que no podía representarnos a todos, en razón de que el todo siempre está limitado por nuestra inacabada imaginación. Pero lo más cercano a esa representación incompleta, pero que ahora nos hiere de una manera inconcebible, no cabe duda de que lleva el nombre de Maradona. Nombre deshecho que se hacía pleno en un vacío trascendental, y que resurgía como una aureola extraña que siempre caía, y en su caída contenía un nuevo resurgimiento. El héroe que alguna vez fue preso ante la voracidad de los fotógrafos, que vivió internaciones y curaciones extremas, que fue protagonista de excesos que nadie se sentía en condiciones de cuestionar, actuaba bajo un trasfondo glorioso, apolíneo cuando era dionisíaco, y misterioso cuando se despedía una y otra vez del fútbol, despertando un oleaje de amor tatuado en el lamento popular, «ese *maradoooo, maradoooo...*», que al estirar la vocal más astuta, que se cierra sobre sí misma sin agre-

---

1. Publicado por *La Tecl@ Eñe*, el 26 de noviembre de 2020.

gados, garantizaba la combinación exacta de aire, asfixia y viento. Cuando se grita Maradona suspendido en la «o», ésta se va alargando y trasmutando en una «u». Travesura de las vocales en las tribunas donde cuando se quiere, hay versificación y cuando no un lánguido lamento. «Maraduuuu...», la plegaria gloriosa y huérfana. «Maraduuuu».

Como Gardel fue el canto, Maradona fue el fútbol. Pero ambos fueron ídolos de masas, por lo tanto, el cine en uno, la televisión en otro, fueron fundamentales. El origen oscuro, la familia sin linaje, la pobreza grisácea, la calle de tierra y la luminosidad que se extendió a la mitología del gran espectáculo, donde cada uno se movió cargando aquello de lo que no eran conscientes. Ahora parece que los acercan, como extrañas piras encendidas, tiempos y estilos diferentes. Hay un modo en que se había alojado cada uno en una concavidad secreta y multitudinaria, aparentemente callada, pero compuesta de un amor latente que sin darnos cuenta estaba esperando ser el lecho de muerte. De ese momento solitario y de abandono, surgiría el santuario que en las canchas de todo el mundo ya se estaba preparando.

Gardel cantó el tango canción del golpe de Estado de 1930. No importaba. Maradona se tatuó al Che en su brazo y el gol contra los ingleses —los dos, cada uno a su forma— son goles guerrilleros. Pero los compromisos políticos parecen laterales, sin ser guerrilleros. Importan más en Maradona, que fue politizando su cuerpo tatuado, o que hizo de la política un tatuaje. ¿Tatuaje de qué? De cierta rebeldía de un barro primordial que enviaba hacia lo alto, sean Fidel, Chávez o Kirchner, con una fidelidad que se mantuvo más que la de muchos políticos. También se mostraba con diversas autoridades mundiales como un tótem inefable, cuya garantía eran un par de gambetas que fueron interpretadas como las necesarias fintas de la patria irredenta, y que lanzaba sus frases con arrebatos de pureza que resultaban tan formidables como salidos de una religiosidad abrupta. «La pelota no se mancha», y ahí parecía un monje besando su ostia, con el estadio ululando esa «oooo...» que se hundía como una letra lánguida y premonitoria en las tribunas hirvientes.

Su leyenda él mismo la sabía. Dijo por televisión de Macri que dice «fango» para no decir «barro».[2] La idea persistente era la de ir del barro al palacio y del palacio al derrumbe médico, y de ahí a preguntarle a Fidel Castro cómo sería posible unir a América Latina. Se movía ente construcciones metafóricas que su sensibilidad había registrado, quizás escuchando a las tantas voces periodísticas que lo seguían como un enjambre y cuyas palabras él reutilizaba. Cumplía con papeles que le habían asignado y también sabía burlar sus mismas actuaciones. Al percibir que ya estaban grabados en el museo de la televisión esos goles mágicos, la prestidigitación del esquive, la frenada en seco sin perder el control de la pelota, intuía que esos frescos de Massacio o Tintoretto que pintaba en la cancha eran parte de un relato que no poseía ningún relator deportivo —de los tantos que lo acompañaron rebautizándolo de mil maneras—, sino que los iba a tratar él mismo. Y se lanzó a investigar el mundo, como si

---

2. «Macri no conoce el barro. Fue a La Boca y dijo "fango". Qué fango, eso es barro, ¡hijo de mamá! Acá llovió y se hizo barro. Lo que no puedo entender es que los argentinos lo sigan votando y nos siga hundiendo. Macri viene de una familia de ladrones. Y yo me gané mi dinero trabajando», en declaraciones de noviembre de 2017, durante una visita a Venezuela.

fuera un arqueólogo o un politólogo dislocado, y así conoció y repudió poderes, apoyó a las izquierdas con una conciencia política que enternecía por su candor y obligaba a criticar al fútbol en su conjunto como un formidable negocio, un negocio de grandes corporaciones, que antevió con lucidez, mucho más que cualquier otro jugador de su renombre. En ese sentido fue la contracara de Pelé y de tantos otros.

Sus numerosas frases salían de un diccionario donde convivían la admonición moral contra el fútbol de la corporaciones —la pelota no se mancha—, hasta la mordacidad genuina y risueña de un «Grondona es tan rápido que le pone un supositorio a una liebre», que seguramente es de su factura. Siendo así, sus ingenios verbales, que tenían notorias impertinencias, seguían sus maniobras geniales en la gramilla con aquel objeto que no se mancha, y sufrían también las mismas recaídas que su cuerpo. Ese cuerpo que pasaba de obeso a reincidente, de reincidente a recobrado, y de recobrado a obeso. Sus transfiguraciones fueron circulares e infinitas. Su manejo de los símbolos era equivalente al de la pelota. Con eso lanzó frases con denuestos contra los poderosos con los que trataba. La efectividad de esa actitud no había que buscarla en las razones de la política, sino en la expresión de las pasiones de quien sabía que era tolerado por quienes denostaba —que lo veían ya perdido— y agasajado por los líderes políticos a los que acompañó con respetuosa admiración. Le puso su sello a la Unasur con profunda conciencia de lo que hacía. Estaba tatuado y sus fintas en la cancha lo tenían tatuado a él. No precisaba de la lengua política para acompañar uno de los grandes momentos de la historia latinoamericana. Sabía que era tan imprescindible como cuestionado; por eso uno de sus goles en el Mundial contra Grecia se lo gritó a una cámara de televisión. Que todos vieran que hacía goles, a costa de que su rostro saliese desencajado.

El partido que siguió jugando hasta el final fue el del pobre que se hace rico para dispersarse en su jolgorio gozoso, y demostrar que los pobres pueden, que los pobres serán salvados y que su desagravio será manso. Pero que aún no se ha consumado. Indicios de este pensamiento es su visita constante a los márgenes del fútbol, clubes que al lado de un Barcelona o un Boca eran mucho menos significativos, a los que salvaba del descenso como al Nápoles, o a los que iba como un jugador más, como en Newell´s Olds Boys, o como entrenador, en Mandiyú. Sabía que iba con su nombre, con su sabiduría que se expresaba en las tajantes frases de lúcido despecho, pero no podía evitar que ese cuerpo que mantenía el nombre ilustre ya no respondiera. Pero aun así, era importante, el ídolo que caía, y que levantado apenas volvía a caer, era un espectáculo a la vista, bien traslúcido. Su vida privada era su vida pública, sus relaciones, duraderas o no, eran juzgadas en términos de respeto o desdén, lealtad o traición. Sus maniobras estrictamente futbolísticas no se componen de una continuidad, sino de destellos geniales que las multitudes sabían esperar para ver. Y esos destellos raramente se hacían esperar, así como sus momentos de sombra también se notaban ante la mirada enmudecida de miles de hinchas.

Todo le era aceptado porque ese genio con declives dolorosos, ese hombre familiar que juraba por sus hijas y no podía conjugarse en una familia, ese muchacho que vivía en los extremos de una existencia que se balanceaba entre la orfandad y la gloria, desafiaba a todo el fútbol mundial y no le creían, porque los desafiaba casi siempre con su propia debilidad, aunque sus ironías eran fuertes y certeras. Siempre fue filmado, desde ese blanco y negro a pocas cuadras del Riachuelo, donde se lo ve haciendo malabares desde pequeño, como si ya Nápoles, Arabia Saudita y la Universidad de Harvard se insinuaran en esos toques delicados. Como jugador, no era necesario entender de fútbol para ver que era portador de una delicadeza esencial, dueño de un rasguño sutil acariciando la pelota, que superaba dialécticamente al fútbol meramente gimnástico o de pizarrón. Esa delicadeza salida de un misterioso arrabal recorrido por el río grasoso significaba palabras que valían mucho. Si se burlaba de los que decían fango para decir barro, era ésa su pedagogía de masas. Efectiva como pocas. Haber llegado a mofarse, en su juego sobre la riqueza y la pobreza, del amaneramiento de cambiar el barro por un sinónimo más elegante nos permite imaginar que entendía su vida custodiada por ese soporte lingüístico donde tintineaba su percepción de la desigualdad.

De repente muchos comprendieron que sus idas y vueltas, sus centellas ya dispersas y su figura andante, exigían ser pensadas como un rezo colectivo. Si muchos tenían cuitas para reprocharle en sus peleas familiares o comerciales, un pueblo entero que excedía a las hinchadas de todos los clubes juntos, estaba dispuesto a entenderlo de una vez por todas. En la gracia de sus jugadas, de la cancha al sanatorio, del sanatorio a la televisión, de la televisión a las tribunas políticas, muchos veían el ejercicio de un drible incesante, sin nada de salto mortal. Pero un tenso silencio en general respetuoso, a veces indiferente, lo rodeaba. Su historia parecía redundante. Pero si una sociedad existe, siempre actúa tarde. Ahora, que se escuchó un trueno sorprendente, sólo queda preparar el santuario en la Casa Rosada.

Un ángel plebeyo

Diego Sztulwark

Cuando apareció Maradona ya había dioses entre nosotros. De ahí que valga la pena precisar algunas cuestiones respecto de la circulación de la fórmula nietzschena «Dios ha muerto», a propósito del fallecimiento del astro del fútbol argentino de la década de los ochenta. Madarona no fue Dios, sino un ángel plebeyo. La diferencia es importante, porque permite una mejor aproximación al misterio y a la gracia maradoniana, y al fascinante cruce con *Zaratustra*.

Dios había muerto en la ESMA. Sé que decir esto ciñe la interpretación de un fenómeno universal a una realidad local. Pero resulta indispensable entender esta historia. En la Escuela Mecánica de la Armada se torturaba y asesinaba a personas en nombre de Dios y con la aprobación de la jerarquía eclesiástica católica. El propio Nietzsche ofrece varias versiones de la muerte de Dios. La argentina de finales de los años setenta también ofrece algunas. Dios muere cuando en su nombre se despliega la barbarie del mando. Y también cuando su nombre ya no basta para seguir creyendo en el mundo. La muerte de Dios abre muchos caminos. Uno de ellos, reformar el sistema de las creencias, es libertario. Convoca a la figura del artista. Se trata de crear nuevas creencias. De inventar nuevos modos de creer en el mundo. Esa señal provino en el país de origen del Diez, de las Madres de Plaza de Mayo. Fueron ellas las primeras que señalaron esa posibilidad: en la medida en que Dios es dispositivo trascendente de orden, su extinción permite acceder a un nuevo régimen de creencias, vinculado al cuidado y no a la destrucción de los cuerpos. Pienso que en la despedida o en el homenaje a Maradona se reconoce colectiva, popularmente, aquel régimen de creencias inauguradas después de la muerte de Dios.

Siguiendo la trayectoria futbolística de Maradona —al menos la que va del Mundial juvenil de Japón del 79 hasta el Mundial de Italia del 90— muchas argentinas y argentinos hicimos la experiencia de sobreponernos a la vergüenza del Mundial del 78, sostenido en el poder cultural y militar del terrorismo de Estado. Fue desde la retina, viéndolo jugar, que fuimos capaces de una gradual y seguramente incompleta metamorfosis, una transvaloración de los sentidos cuando el poder fascista había hecho de lo argentino una zona de *rigor mortis*. Comenzando por los colores de la camiseta. El modo de hablar, de cantar, de entonar el himno nacional. Viendo el fútbol de Maradona, nos fuimos deshaciendo hasta donde pudimos del legado sensible, hecho de terror y mezquindad, del videlismo y el masserismo (nombres que simbolizan la voluntad contrarrevolucionaria del Occidente triunfante). Hay algo de chamanismo en todo esto. Un oficio de la magia de extenso alcance, a través de los propios medios de la sociedad del espectáculo.

Fue en medio de ese trance nacional, con el cadáver de Dios aún tibio, que el fútbol de Diego Maradona apareció como una señal alegre que apuntaba de manera directa a las posibilidades de creer, ya no en Dios, pero sí, en cambio, en lo que podríamos llamar los recursos lúdicos del cuerpo. La fe no se extinguía, sino que encontraba nuevo cauce en una suerte de materialismo ateo de las actitudes y posturas del cuerpo que juega. Si es aún útil la definición paulista de la fe como sustancia de las cosas esperadas, en las que se cree aun cuando todavía no existen, no resulta exagerado identificar en el fútbol —como en el rock— de aquellos años la experiencia de hallar algo verdadero en que creer.

Este creer en el poder del cuerpo implica una inversión profunda en la orientación del pensamiento. Aunque sólo sea porque este poder está más cercano a la vida. Cuando el pensamiento se dirige al poder del cuerpo alcanza su propio impensado. Descubre sus categorías el juego de las actitudes y las posturas. Por lo que cierto filósofo clásico llegó a la conclusión de que el camino del pensar debía partir de aprender lo que puede un cuerpo. Tengo la impresión de que es en este punto, en esta inversión, y en la serie de sus poses, torsiones y posturas donde hay que situar la fuente de la gracia y del plebeyismo maradoniano.

Plebeyos eran los antiguos esclavos libertos. Pero en su uso actual muchas veces es empleado en un sentido sociológico equivalente de popular. Uno de los mitos plebeyos por esencia de la Argentina es la fidelidad a los orígenes de aquel que experimenta un súbito ascenso social. Maradona lo encarnó como nadie. Sólo que en él, lo plebeyo viene acompañado a la señalada inversión de las creencias hacia el cuerpo que juega. No es algo sólo argentino. Ocurrió también en el extraordinario pasaje de Maradona por el Napoli.

La cumbre máxima de su esplendor ocurrió frente a los ojos del mundo en aquel mítico partido contra los ingleses. Fue allí que se reveló el poder plebeyo del ángel. El cuerpo que juega es el del guerreo que vence, del astuto que trampea, el del irreverente que no deja de sorprender. Es fútbol que proyecta valores sobre la vida. De ahí la sonrisa magnífica de Maradona, su humor extraordinario; y esa celebrada fraseología, que tiene mucho de político, en el sentido menos oficial o convencional que se pueda concebir. Una política que pasa menos por sus alineamientos explícitos en torno a tal o cual líder o figura, y más por una constante toma de partido, debeladora de una asombrosa orientación de tipo moral, en un mundo cada vez más oscuro, donde las verdades políticas sólo ocurren más allá del bien y de mal.

La reacción antiplebeya existió siempre bajo la forma de una censura moral a lo que dan en llamar la «vida de Maradona». Los días de la conmocionada despedida popular que acompañó su partida se redobló esta pretensión, torpe y anacrónica, de juzgar —bien o mal, da igual— la «vida de Maradona». Se trata de determinar si en el modo en que Maradona afrontó su destino hay o no hay algo ejemplar, o más bien un manojo de contradicciones. De allí la estúpida oposición entre un Maradona «dentro de la cancha» —ídolo, incuestionable— y otro «como persona» —réprobo, nocivo—. Las idealizaciones, negativas o positivas, no dejan ver cómo funciona el factor anómalo en Maradona. Lo que este ángel plebeyo vino a comunicar es la creencia en los poderes del cuerpo como desacato —por desvío, sustracción o desborde— los moldes de regulación burguesa de la vida.

Maradona, último libertador onírico del mundo colonial

Emiliano Sacchi,
CONICET, Universidad Nacional de Comahue

> *La impugnación del mundo colonial por el colonizado no es una confrontación racional de los puntos de vista. No es un discurso sobre lo universal, sino la afirmación desenfrenada de una originalidad formulada como absoluta.*
>
> F. Fanon, *Los condenados de la tierra*, 1963

25 de noviembre de 2020. El velorio nunca imaginado. Plena pandemia, distanciamiento imposible. Una ritualidad popular abigarrada, un poco de cancha de fútbol, un poco de paro nacional, mucho de piquete y represión, un grito enardecido contra los ratis,[1] los caretas y el poder. Algo anacrónico, no de un tiempo pasado, sino de un tiempo suspendido. La fila de dolientes remite a la muerte de Néstor, y de allí a la de Perón, y de allí, sobre todo, a la de Eva. La muerte de Maradona abre la llaga del territorio sensible que designa el nombre de Eva en la memoria del dolor popular. Maradona, el hijo del descamisado migrante de la Argentina peronista, el hijo del zoológico aluvional del interior colonial, el hijo del pueblo, el último cabecita negra, asciende con la Jalisco[2] del Mundial 86 en las manos,

---

1. Policías. [N. del E.].
2. Nombre con el que fue rebautizado en Argentina (por una cuestión de

entre querubines y trompetas de plástico a encontrarse con Eva en un cielo de derroche y dulzura.

Abajo, los dolientes lloran, cantan, saltan, se dan ánimo como en un partido que se sabe ya perdido, cargan cada uno un símbolo diverso del amor al Diego. Se duela colectivamente y en la calle, en la Plaza de Mayo, ese pequeño escenario donde el pueblo argentino representa su historia, algunos sólo quieren estar ahí, muchos esperan vanamente para dar su último adiós adentro de la casa de gobierno. El cronista de la revista cultural de moda, pregunta a dos dolientes: «¿Qué es el Diego para ustedes?». Él calla. Ella, sollozando, responde: «Para mí es esto. Es pobre primero. Igual que yo. Y después todo lo demás. Y es vida, es mucha vida todo el tiempo».

Puedo adivinar su gesto al decir «esto» señalando la muchedumbre, el humo de los choris, el calor y la transpiración del pueblo en la calle. De todo lo que se ha dicho y escrito sobre Maradona, en los meses que han pasado de su muerte, estas palabras me quedan repicando. Son precisas. Maradona: un pobre, un igual, mucha vida.

Un par de meses antes de morir, en una foto publicada en sus redes sociales, se lo ve al Diego en el patio de su casa. Es de noche, revuelve un guiso que se cocina sobre un disco de arado. Lleva un equipo deportivo azul brilloso. Está sentado en una de esas reposeras plegables de caño y cintas plásticas de colores que deben contarse entre los elementos mínimos estructurales de la mitología de la felicidad peronista. La escena podría tener lugar en cualquier patio de una barriada popular argentina, en el

---

derechos) el balón Adidas Azteca de la Copa Mundial de Fútbol de 1986 en México.

conurbano bonaerense o en el interior del país. Pero también parece una versión pop latina del mito fundador de la cultura nacional. Al lado del Diego, podría sentarse con un vino en la mano Martín Fierro, el Negro Cruz y la China Iron. Hablarían de bueyes perdidos y escucharían cumbia. Todos desertores del Estado y las buenas costumbres.

Sin duda, es la escena primordial del patio familiar de Villa Fiorito. Maradona, gordo y viejo, la piel curtida de tanta vida, se parece a Don Diego, que cargó bolsas como negro hasta que su hijo lo redimió del dolor del trabajo forzado. La escena transcurre, sin embargo, en un *country* de Buenos Aires. El astro, el de los Ferraris, los tapados de piel, los relojes de oro, el del lujo de Dubái, el que puede tenerlo todo, va a morir en unas semanas y está ahí, haciendo un guiso al fuego, en la intemperie del invierno, lleno de olor a humo, como cualquier pobre argentino, como un igual.

Los espíritus ilustrados suelen objetar que Maradona no era un igual, que poseía millones y los ostentó obscenamente. Pero su crítica parte de una economía tan simple como moralista. Maradona, en sus múltiples modos de existencia, nunca dejó de ser un pobre, o lo que es lo mismo en un país colonial con una economía racializada, un negro, un indio, un villero. Una vez en Europa, rápidamente inventó entre Nápoles y África su propio Sur y afirmó su condición sudaca. Maradona hizo de su condición de origen una condición fabricada y afirmada orgullosamente, y haciéndolo, se volvió un vehículo de liberación y orgullo para las mayorías populares de todos los Sures a los que interpeló.

Sólo desde esa condición puede entenderse el afecto que desata tanto en los que gustan del fútbol como en aquellos que lo ignoran. Maradona no nos interpela como meros espectadores de un deporte masivo, nos interpela en nuestros modos más íntimos de ser y de ser con otros. Lo interpela todo: la moral, la política, la estética, la justicia. Opina de todo, afirma sin medias tintas, ironiza, se caga de risa en la cara de todas las jerarquías. Obliga a tomar partido. De allí el amor y el odio, la admiración y el desprecio. Frente a ello, el *dispositivo de la separación del crack* es la gran estrategia neutralizadora. La figura del astro, del artista, del mejor jugador de todos los tiempos, al que sólo debemos respetar y honrar por lo que haga adentro de la cancha, es la forma perfecta de neutralizar al Diego, a su potencia plebeya y desbordante. Por ello me gustaría que no sea apócrifa la bella frase atribuida a César Aira: «Yo a Maradona lo respeto como drogadicto. Lo que haga dentro de una cancha no me interesa».

El fútbol es su gracia, pero está lógica y temporalmente *después*. Diego es uno del montón que juega al fútbol y que sólo lo juega para el montón, como le gustaría a Eva, para que en el pueblo reine la felicidad y la alegría. Antes pobre, negro, igual.

Todo eso se condensa en los cinco minutos del 22 de junio de 1986 en los que el Diego hace primero el gol de la *mano de dios* y, luego, el *gol del siglo* a los ingleses en el estadio Azteca de México D. F. Astro del fútbol, pero antes un pibe más que pudo morir en la guerra montada entre la oligarquía genocida y el imperio británico. De viejo, Maradona recuerda que el discurso oficial del 86 era que guerra y fútbol no se debían mezclar. Argentina hacia su transición a la democracia y la guerra debía ser condenada. Pero recuerda también que era imposible jugar sin pensar en la posibilidad de repetir la derrota. Algunos de los jugadores de ese plantel habían estado en la colimba[3] en el 82, se habían salvado de la guerra por el Mundial de España y recuerdan que Maradona, capitán del equipo, los alentaba en medio del partido recordándoles el sufrimiento de los pibes que habían muerto injustamente y que podían ser sus hermanos, sus vecinos o ellos mismos.

La historia imperial, la historia de la migración interna, de los negros del interior que van a una guerra para defender una nación cuya lengua apenas hablan y no saben escribir, la historia familiar, la de la explotación, la de la villa, todo se condensa en esos minutos. El estafador, que se describe a sí mismo como un carterista que roba un gol con la mano. El deportista estrella, el crack, hace el mejor gol de la historia según los que saben. Ambos goles se hacen en terreno del deporte y de la política. Como si fuese necesario aclarar que el deporte es la continuación de la política por otros medios, y ésta, a su vez, la continuación de la guerra, siempre latente, siempre larvada.

Separar al futbolista del político, al artista del estafador, al deportista del drogadicto, sólo es responde al deseo de hacer de Maradona un cuerpo dócil, obediente, un cuerpo pleno de capacidades, engranaje maravilloso del espectáculo económico-político del fútbol, pero completamente impotente. Toda la maquinaria de la producción capitalista y colonial, que quiere a Maradona como el ejemplo del negro que salió de la pobreza y se redimió por medio del esfuerzo, el que lo quiere como prueba viviente de que es posible el éxito para todos, que es posible llegar a ser rico, bueno, bello y blanco por medio del mérito

---

3. Nombre coloquial para el servicio militar en Argentina. [N. del E.].

propio, se choca contra Diego y su impertinencia. Maradona fracasa permanentemente, ya sea la droga, sus posiciones políticas, su vida privada, de una forma u otra siempre la caga. Y su fracaso es el fracaso de la mitología individualista del ascenso social, de la meritocracia, del mundo plano de la igualdad formal de los modos de vida. Maradona muestra que en este mundo el ascenso y la integración son una farsa, que el mundo está fracturado trágicamente por la clase, por el color, por la raza; que el costo del éxito es demasiado caro; la docilidad, la servidumbre, el blanqueamiento. Después de todo, ésa ha sido desde siempre la estrategia colonial, la transformación de los cuerpos colonizados en cuerpos mansos aprovechables hasta la muerte y en territorios de extracción y destrucción.

Maradona, nos dio otro cuerpo posible, un rostro, sus rulos. El cuerpo y el color de la villa. Nos dio una lengua, incendiaria. Nos dio una política, siempre la más irreverente. Nos dio un movimiento, la gracia, la astucia, la insolencia. Nos dio la felicidad, la más plebeya. Nos dio el desborde, nos enseñó la lujuria. La quiso para todos, como al oro del Vaticano. Fue el sueño, el de los muchos. Cuando estuvo entre los amos, escupió su mano y volvió al barro. Se dio todo, hasta el final. Lo quisieron capitalizar todo, hasta el final. Hasta su cuerpo viejo y roto. Sin resto.

Maradona, negro, villero, drogadicto, gordo, zurdo castro-guevarista, tramposo de moralidad dudosa y sexualidad disoluta, fracasado que pudo ser modelo global del éxito, del ascenso social, del blanqueamiento por medio de la ortopedia del deporte. Maradona, barrilete cósmico, cuerpo exuberante, animal salvaje eternamente atrapado y siempre en huida de las redes del pillaje y la trata colonial de cuerpos atléticos, productores y reproductores. Maradona, globalización perversa del hecho maldito del país burgués. Ultimo libertador onírico y real de América y de todos los pueblos oprimidos por la potencia colonial. *Maradona pobre. Maradona igual. Maradona vida. Después, todo lo demás.*

Lágrima y lágrima en la polvareda

Ezequiel Zaidenwerg,
traduce, escribe, edita y enseña

No sé muy bien qué *es* la poesía, ni me urge definirla: me gustan y me importan las palabras mucho más que los géneros. Y sin embargo, creo que entiendo lo que *hace*: incluso si parece construir un idioma privado o extranjero, la poesía vuelve más pública la lengua, esa herencia común, gratuita, aunque no libre. Desafía sus límites y amplifica sus usos, revisa los que existen e inventa otros insólitos. Por eso no es verdad que sea inútil: lo que llamo poesía es un uso intenso, crítico y gozoso de la lengua, una tecnología de la palabra, que trasciende su soporte de reproducción. Y añado, si me apuran: es una práctica colectiva —incluso cuando se la ejecuta de manera individual— que va más allá de la lengua, que se extiende a cualquier sistema de signos, público e imposible de privatizar del todo; y que es política no sólo porque se pone a desalambrar los límites de ese sistema simbólico, sino porque además descoloniza la atención: la sobresalta, la descoloca, la aguza.

Toda la poesía puede ser popular, que no es lo mismo que populachera. Rubén Darío lo entendió muy bien: «No soy un poeta para muchedumbres. Pero sé que irremediablemente debo ir hacia ellas». En eso, Maradona fue poeta: una usina verbal, alimentada en público; un inventor hedonista y febril de expresiones que luego repitieron multitudes en sus intercambios cotidianos. Las hay sublimes («Yo me equivoqué y pagué, pero la pelota no se mancha») a la vez que arteras («La mano de

Dios»); siempre ingeniosas («Fuma abajo del agua») y mordaces («Más falso que dólar celeste»); a veces chocarreras y violentas («Pelé debutó con un pibe»); conmovedoras («Me cortaron las piernas»); absurdamente cómicas («Se le escapó la tortuga»); y, con mucha frecuencia, inolvidables. No sé si ese derroche de precisión juguetona haya sido producto del consumo constante —alegre, pero trágico a menudo— de verborragia en polvo o más bien al revés: que le haya gustado tanto la cocaína porque le permitía disfrutar con más intensidad de su notorio gusto por las palabras, una adicción por cierto igual de placentera en los momentos de subidón, pero considerablemente menos dañina para él y otras personas. Sin duda, Maradona —gran independentista de sí mismo— pagó su dependencia a precio alto. «¡Imaginate el jugador que hubiera sido si no fuera por la cocaína!», se lamentó en un documental dirigido por Emir Kusturica. Tal vez habría sido Messi: más constante y longevo, sin duda más higiénico.

Hay algunos que, críticos o ecuánimes, dicen que Messi va en camino de ser el mejor jugador de la historia. Quizá no se equivoquen: Messi es un alienígena que, además de haber pulverizado todas las estadísticas individuales, vuelve mejores a sus compañeros. Pero a Lionel jamás lo van a amar como a Diego, cuyo don era aún más infrecuente que el suyo: era capaz de hacerles creer *a todos que eran los mejores,* quizá porque creía que cualquiera podía serlo. A fin de cuentas, si nos dejan —y más si nos ayudan—, todos podemos ser igual de buenos. También el propio Diego se volvía mejor cuando representaba a los de abajo. La semifinal de México 86: tensar las reglas del fútbol en direcciones opuestas en un (gol de arco a) arco narrativo de apenas cuatro minutos: más o menos lo mismo que dura una canción. Y por si fuera poco, con sabor a justicia poética o revancha: contra los ingleses, después de las Malvinas. Y sobre todo la improbable gesta del Napoli, donde condujo a una runfla de jugadores ordinarios, en el que a duras penas destacaban dos brasileños —Careca y Alemão—, ajenos a toda la música y el evangelio de su tradición nacional, a una gloria sin precedentes para el sur postergado.

¿Quién puede imaginarse al jugador que hubiera sido Maradona de no haber consumido cocaína? Como cualquier mortal, tenía derecho a sus remordimientos, a lamentar lo que no pudo o prefirió no ser. Esa culpa no es mía y me resisto a asumirla. Quiero decir: el contrafáctico me interesa menos de lo que me fascina el humano que llegó a ser Diego a pesar de, o incluso gracias a, la cocaína. Hay un video de YouTube en el que Maradona hace una aparición estelar en la casa de *Gran Hermano*. Sorprendidos, los participantes saltan de alegría cuando Diego se saca la capucha y confirma su identidad. Enseguida los abraza, con euforia evidente y tal vez algo de nervios. Alguien fuera de cámara les tira una pelota y Maradona, *showman* bien entrenado, se pone a hacer jueguito. Antes de despedirse se funde con el grupo en otro abrazo, esta vez colectivo, y aprovecha el tumulto para dejar caer una ofrenda furtiva: un paquetito oblongo, lleno de un polvo blanco compactado, parecido a un insumo escolar reconocible. En un crescendo eufórico, los participantes se ponen a gritar el consabido «Olé olé olé olá / Diego, Diego», a pesar de la tímida protesta de Maradona, que les reclama: «No me manden al frente, no me manden al frente». La mayoría —incluyéndome, claro— creía adivinar el predecible contenido del paquetito blanco. Confieso que primero me burlé, pero después volví al vídeo muchas veces porque me fascinaba la insólita franqueza de la escena: era liberador imaginarme un mundo que regule en vez de criminalizar el uso recreativo de sustancias, donde se eduque al público acerca de sus placeres y riesgos; y en el que a los adictos se les ofrezca apoyo en vez de juzgarlos y castigarlos.

A pesar de que entiendo cuán nocivo y gravoso ha de haber sido para él su hábito, me incomoda un poco menos mi obstinada negativa a condenar de plano las drogas desde que me enteré de que en la bolsita de plástico había algo distinto de lo que mucha gente quiso creer: parece que era sal; o a lo mejor tabaco, según otra versión. Aparentemente, los productores del programa habían prohibido por una semana dicha sustancia para castigar la transgresión menor de un participante; y a pesar de que la ambigüedad probablemente estuviera guionada, Maradona les siguió el juego a los productores con evidente entusiasmo. Sí, se prestó a hacer el personaje del fiestero irredento, pero era una excusa para interpretar otro papel, que le resultaba aún más estimulante: una mezcla plebeya de buen ladrón y Prometeo, llamado a robarles el fuego a los dioses y la sal de la tierra a los poderosos para compartir el botín con la gente común. Maradona desbloqueó otro nivel de peronismo: para él la razón de ser de la política era redistribuir la alegría, no sólo la riqueza. Por eso Maradona fue más popular que Evita: fue el único argentino al que quisieron todas las clases sociales, porque las hizo a todas felices por un rato.

Diego fue, sobre todo, un poeta del cuerpo, un virtuoso popular, un experimentalista de sí mismo y el mundo. Es decir, un mutante: bailarín y coreógrafo, en la cancha y afuera. Que en su caso es lo mismo que decir: un político, que se nombró a sí mismo embajador plenipotenciario de todos los subalternos y le entregó su cuerpo al cargo, rabiosamente, gratis. Si, según Paul B. Preciado, otro poeta en un sentido análogo, el cuerpo se define por sus prótesis —y se reinventa en sus intervenciones, como el amor para Rimbaud—, Diego hizo suyas por lo menos tres: la pelota, el micrófono, las cámaras. Maradona logró jugar hasta sin piernas, reales o simbólicas. Su prótesis fue un pueblo imaginario. O más bien, una serie de imaginaciones populares, a veces contrastantes y hasta contradictorias. Por eso cada quien llora a su Maradona: sufre sus Maradonas. Pero Diego no fue solamente un artista, un inventor del cuerpo y las palabras. También fue un conejillo de indias, un laboratorio de ese futuro descabellado que se volvió nuestro presente. Diego vivió una vida fabulosamente experimental, pero a cambio tuvo que prestarse a un experimento: ¿qué pasa con un cuerpo cuando se lo somete al acelerador de partículas —al colisionador de imágenes y afectos— de lo que luego fue la cultura digital? Hay más Diegos que Bowies: amén de todo el arte que hizo con su cuerpo y de su cuerpo, a Maradona lo subieron a internet cuando ni siquiera imaginábamos que iba a haber internet, esa prótesis colectiva que, como evidenció la pandemia, es engañosamente pública e igualadora. Desde mucho antes, Maradona ya circulaba refractado en mil fotos y mil frases, como perfiles de personas distintas, o de la misma pero en redes diferentes. Y ahí seguimos, *online*: mostrándonos, midiéndonos, frotándonos; todo el tiempo chocándonos encarnizadamente los tentáculos cerebrales ahora que Maradona ya no está. Ahora cada quien su Maradona.

 ¿Qué pasa con un cuerpo cuando se lo somete? El Diego lo sabía en carne propia. Era pueblo, era barro: tierra y agua, en sus propias palabras. Y, sin embargo, el insumiso Diego era capaz de someter a otros; y en especial: a otras. En su cuerpo mutante caben varias historias encontradas de la masculinidad, incluyendo —sin duda— las siniestras: la violencia machista, el maizal de criaturas sembradas por ahí. El abandono. Y también la homofobia. Contradictoriamente, porque Diego jugó a torcer los límites de ese mandato con golosa fruición, a la vista del mundo. Lo vimos darse besos en la boca con amigos en estadios de fútbol; supimos del amor apasionado por la travesti Cris Miró; celebramos la portada de ese diario deportivo donde Diego *drag queen* nos mira con sus ojos bellísimos, desolados, en medio de la fiesta. Porque Diego, a la vez, era emoción constante más acá de la muerte, puro chorro, pegote, confusión de humores, secreciones. Saliva, sudor, lágrimas. Por eso, cada quien su Maradona. Lágrimas de alegría en la victoria, lágrimas de tristeza en la derrota, como exige el manual. Y también al revés, y hasta en *offside*: el que gozaba tanto, el que sufría todo.

Mi Maradona no es el que ganó el Mundial 86 ni al que amputaron del 94. Ni la gloria, ni el clímax, ni el cielo, ni el infierno. Mi Maradona son dos versos de Vallejo: *fósforo y fósforo en la oscuridad / lágrima y lágrima en la polvareda*. Mi Maradona es el que estaba siempre incómodo en su piel, aunque con alegría; es la mirada triste que *es* el centro de la fiesta. Es el que supo hacer con ostensible gusto el ridículo. Mi Maradona es el que sabía lo violento y lo frágil que es tener que ser varón.

Un D10s silvestre

Leandro Barttolotta[1]

Se terminó, rotunda, una época. Junto a los pedacitos de la biografía propia sin recoger —se desprenden y se pierden en el océano de tristeza que nos rodea— lloramos y despedimos también la pérdida de soberanía afectiva de esa Argentina grande que parece retirarse y lo hace retorciéndose y chillando de dolor desde adentro de Nosotros.

Una multitud que se agita y que, a ojo embriagado y empañado, puede cortarse en dos o tres generaciones que van de los treinta para arriba. En esos cortes, en esos años que van desde los ochenta hasta los 2000 se cocinó —con el fondo de olla del siglo XX— una Argentina que, arruinada por los milicos, encontró otros cuerpos para esconderse piel adentro y respirar.

Sabían los de cincuenta y largos y sesenta y picos que Diego fue la revancha y la guerra por otros medios: entre la desmalvinización oficial y el feo recuerdo del balcón secuestrado —y mientras se terminaba de aceptar la Argentina mutilada y posible— vieron y escucharon los dos últimos gritos sagrados. Supieron frente al televisor que eso no era mentira, quedaron tildados viendo moverse al que estaba haciendo una última patriada: una

---

[1]. Leandro Barttolotta (Quilmes, Buenos Aires) forma parte del Colectivo Juguetes Perdidos y del espacio Peronismo Silvestre. «Un D10s silvestre» forma parte de una serie de intervenciones, en diversos formatos: guiones audiovisuales, textos, documentos políticos, elaborados colectivamente desde Peronismo Silvestre.

recuperación popular y democrática de la celeste y blanca. Les dirían, los notables, que una cosa no tiene que ver con la otra y que están confundidos.

Agarrados de los pantalones de esos viejos, en pañales, gateando o aún por nacer, estábamos quienes crecimos a la sombra de esa última patriada. Crecimos y nos convertimos en la generación que de la Argentina hizo un himno coreado y pogueado en un recital o en una tribuna, que de la guerra por otros medios metió un salto y una canción, mientras le cocíamos los logos de nuestras bandas a la bandera. La generación que futbolizó —y por eso, también, argentinizó— sus grandes agites.

Vivimos un rocanrol del país: lo hicimos pelota de fútbol y música; continuamos su dignidad por otros medios. De vuelta escuchamos, al igual que lo hizo la generación de nuestros padres, que una cosa no tiene nada que ver con la otra y que nuestros lugares comunes no hacían patria. Un verdugueo[2] público, mediático, académico que revoleaba desde la altura categorías para acertarle a nuestras vidas de cabeza.

Las exequias públicas, el desborde plebeyo, la procesión continua de lo popular en el espacio público, el congreso de esquinas y la tribuna ampliada —unas verdaderas «hinchadas unidas argentinas»— fue una demostración tardía, pero incuestionable, de esa Argentina grande que tras el Mundial del 86 se las arregló como pudo para conquistar una soberanía hecha de pasiones y afectos. Hubo que insuflar mucho agite y mucha pasión volcada a la calle para que esa argentina plagada de «instituciones enemigas» continuara latiendo (el problema, ay, no es que el himno no se cante en un patio de

---

2. Humillación o acoso. [N. del E.].

escuela; el problema es que ya no se lo poguee en cualquier fiesta popular).

Se muere un gran bocón y el silencio que queda será difícil de habitar. El cuerpo de Diego fue reservorio de una Argentina que ya no es; su final puede ser también el de una máquina de enunciación popular, beligerante, desmesurada, resplandeciente en su resentimiento (se cierra, quizás, el paréntesis que inauguró Eva).

Diego regó de gloria este suelo y les cargó nafta a las vidas populares que más lo habitan, quienes más cerca están de las raíces, quienes más dependemos de sus oscilaciones y sacudones, quienes sufrimos en el cuerpo las economías que lo ajustan y la parten, quienes no somos vidas dolarizadas y globalizadas. Yo nací acá y acá me muero, el mismo cielo en que nació el Diego.

Un suelo, un cuerpo y un par de goles y canciones que lo mantengan unido y agitado: un suelo para que el cuerpo encantado le salte arriba hasta que la energía vuelva a subir por cada pierna y permita seguir andando.

* * *

Hace un año, mientras celebrábamos la huida del gato, el himno sonó fuerte y pegado a la marcha, fue una de las escenas más conmovedoras de esa jornada de peronismo silvestre. Esta vez, por el temor que provoca lo desconocido, quizás, ni siquiera se miró para la plaza.

Más allá del gran dolor —y de los Maradonas estampitas privadas que cada cuerpito portaba— se armó una gran ranchada, incluso de vagancias y vidas populares que no suelen acercarse a las plazas o que quizás lo hacen en acontecimientos de tribuna. Estábamos representados —nunca mejor dicho— las mayorías electorales del peronismo. Eso no se entendió, o se lo pispeó desde algún balconcito y provocó temor. Una gran lástima y un error de consecuencias imprevistas. No nos gustó cómo nos despedimos, pero más aún, cómo nos retiramos de esa plaza y de esas calles desbordadas. En silencio, tristes y con una sensación de «estar de visitante».

Esta tierra es una herida y entre la multitud desfilaban las vidas heridas por el ajuste de los últimos años. Una lástima que no se haya aprovechado la oportunidad. Rodeamos la Casa Rosada, copamos la Plaza de Mayo, y en un enorme y desmesurado ritual plebeyo estábamos exorcizando a pura gediencia[3] los fantasmas de la gerencia que la ocupó durante cuatro años. Estábamos, en ese gran ritual, invocando las fuerzas populares necesarias para que los fantasmas blancos se alejen. Una lástima profunda y peligrosa que no se entiendan o que se les tema a los desbordes populares (homenajeando a Bilardo se podría decir: «Alberto, los de negro son nuestros. ¡Por favor!»). Del funeral de Néstor, una década atrás, salió un grito colectivo de fuerza que estabilizó un escenario político y mostró un posible inédito. Esta vez, el palacio y las organizaciones que lo custodiaban no quisieron ni acercar la oreja para escuchar qué cantaba la popular.

No nos gustó cómo nos despedimos. Nos echaron de la plaza o nos fuimos en un silencio triste y profundamente impotente. Era una ocasión lamentable, pero inmejorable para, en multitud, insuflarle mucha vitalidad a esa Argentina grande desinflada.

3. Intensidad. [N. del E.].

Sólo se extraña y se llora a las vidas que se expandieron para hinchar los cuerpos populares y hacerlos caminar erguidos y sin agachar la cabeza.

(A los tibios, a los prolijos y a los obedientes, los vomita D10S).

Mi Diego

Rodrigo Márquez Tizano, *escritor y editor*

Murió el Diegote. Se nos murió. Otra vez, todas las veces. Se nos va a seguir muriendo. Nadie ha muerto tantas muertes como él. Tampoco tantas vidas. Y de tanto morir y no morirse, de tirar el caño pícaro al abismo, ida y vuelta, nomás por gusto, por duplicarnos el gozo mientras en el campo van quedando sembradas —como si de ingleses se tratara— las ínfimas muertes que no pudieron frenarlo, llegamos a creer que nunca se iba a morir de veras. Que era para siempre. Un inmortal. Pero no de esos que, ajenos al dolor, flotan sobre la fatalidad como si lo divino no guardara relación con la sangre seca y la sutura. Todo lo contrario: el Diego hizo del asombro una costumbre y el milagro terminó por formarnos un callo que ahora se revela losa. Su epifanía, a veces de barro, potrero e inundación, otras fulgor y cosmos, era humana y ligera porque la eternidad la acaricia sólo quien ha muerto todas las muertes. Eso es lo que no pueden perdonarle los mezquinos incapaces de conmoverse con la alegría y el dolor del pueblo que ha perdido no sólo a un ídolo, sino a un padre, a un amigo, a un hermano o a todos ellos en un mismo cuerpo: que no se quede bien muerto, ni pida perdón, ni haga de buen salvaje, de pobre agradecido con el poder. Así era Diego. Así es. Todo lo que soñamos ser y también lo que no. Lo que somos y lo que nunca seremos. Si es verdad lo que dicen y cada maradoniano tiene un Diego particular sembrado entre el corazón y la memoria, el mío se niega a que lo nombre en pretérito. Flota en el *everness*. ¿Y cuál es ese Diego? Uno que imaginé desde la lejanía de mi suave patria, bien lejos de Fiorito. El que vive en las repeticiones de sus goles. En los relámpagos de su lengua. El Diego que me acompañó en los momentos difíciles. El que me enseñó que el fútbol también es literatura y, como la literatura, mucho más que eso. Yo estuve en el Estadio Azteca la tarde del gol a Bélgica con mi memoria de niño, pero ése no es mi Diego. El mío aparecía por televisión en eterno *loop*, calcando sus hazañas como un espectro titilante y mi padrastro lo tildaba de puto, tramposo y drogadicto, y entonces yo quería ser puto, tramposo y drogadicto más que nunca, lo que fuera menos mi padrastro. El Diego es mi infancia que termina hoy. Ese Diego que entró de cambio por mi abuelo cuando éste se mudó al otro barrio porque de niño, como a tantos otros varoncitos que mal crecimos en alguna ciudad latinoamericana en los ochenta, me enseñaron que las lágrimas se venden caras, hay que meter la pierna, viejo, pasa la lágrima o el hombre, nunca ambas, y tanto me lo dijeron, tanta leña recibió el ojo que luego, cuando las lágrimas faltaron y quedaron apenas las legañas, tuve que reaprender a llorar por mi cuenta. Entonces, cuando necesitaba invocar el llanto, me imaginaba que se moría mi abuelo. La técnica funcionó hasta que luego de matarlo tantas veces, mi viejito se murió definitivamente y fue ahí cuando comencé a imaginar que se moría el Diego. Cada vez que la situación lo ameritaba y el lagrimal se negaba a cooperar, me bastaba con imaginar que el Diego no estaba más entre nosotros para soltarme a berrear sin consuelo. Hoy que la orfandad cobra forma y temo quedarme seco definitivamente, creo menos que nunca en el cuento de la multiplicidad camaleónica y la contradicción, en jugar al patovica de los afectos y desmenuzar al Diego en virtudes y fallas para hacerle el famélico favor de compartimentarlo a la medida de nuestras propias culpas y complejos. La única muerte que no quiero que muera, que siga muriendo, es la nuestra, ésa que no es otra cosa que puro miedo lampiño, presente suspendido, futuro que no llega, el nombre que se va vaciando hasta ser otro nombre más, más real que la carne que alguna vez nombró, porque mi Diego es tan ficticio como cualquiera, pero es el Diego entero. Se siente real porque es de nadie. Ni siquiera de él mismo. Se moría cada tanto, el Diegote, y quienes lo quisimos nos moríamos un poquito con él. A veces lo mataban, otras se dejaba morir, incluso había veces que se abalanzaba sobre la muerte por voluntad propia y dejaba alguna gamba en prenda por si algún acólito de la guadaña, Goikoetxea, digamos, dudaba de su palabra. A veces, como en Foxboro, dejaba las dos. Pero siempre volvía. Yo sé que esta vez ya no va a volver: que se acabaron los milagros, el fútbol, la infancia, y aun así no le cierro la puerta a la equivocación. ¿Cómo va a matarte esta muerte insulsa, Diego, que te va al tobillo y no a las alas? Si no te pudo matar nadie, ni el deseo, ni la FIFA, ni Havelange. Ni siquiera Maradona.

El camino del héroe

Maximiliano Crespi,
CTCL/IdIHCS (UNLP-CONICET)

«La gloria de lo divino que cae sobre la figura del héroe está extrañamente mezclada con la sombra de la mortalidad». La frase, tomada de *Los héroes griegos* del erudito Karl Kérenyi, subraya el carácter singular del destino último de ciertas entidades excepcionales a las que la imaginación del pueblo consagra para conjurar la contradicción y el miedo a la frustración que asola los días de los hombres. Están ahí para afirmar lo que trasciende lo humanamente posible. Y, en tanto operadores de lo imposible, se vuelven a la vez objeto de un culto y una veneración especial —aunque sólo en tanto instituyen un umbral de sublimación colectiva—.

En Argentina, no son muchas las figuras que han sido elevadas a esa, a la vez, épica y trágica condición: Diego Armando Maradona y Carlos Alberto «Charly» García Moreno pueden contarse sin duda entre las últimas. El conjunto de proezas, que podríamos llamar «obras» (con minúscula), ligado a una disposición anímica de carácter agónico y sacrificial (que deliberadamente superpone coraje y temeridad), da lugar a algo más grande que la obra, y que si bien tiene su origen en espacios de especificidad deportiva o musical, rápidamente los trasciende impregnando todas las esferas de la vida social —casi podría decirse—: «Obra de arte total Maradona» u «Obra de arte total García», en el sentido en que, a principios del siglo xix, lo apuntara Richard Wagner con la expresión *Gesamtkunstwerk*:

una obra que trasciende los límites de los géneros del arte. El modelo es irreversible: una vez instalada la figuración heroica no se puede deshacer ni despegar de la imagen de la obra. Y, paralelamente, por su propia desmesura, la obra se vuelve al mismo tiempo incontenible dentro de un campo cerrado de especificidad: la condición heroica se abre paso ligando así escenas y alimentando ecos en múltiples y diversos espacios de imaginación.

Se ha atribuido a César Aira el atento descuido de una frase que, aun tomada de una fuente poco confiable, no deja de resultar verosímil: «Yo a Maradona lo respeto como drogadicto. Lo que haga dentro de una cancha no me interesa». Por su lado, Rodolfo Fogwill, cuya irritante prosa y cuya oportuna incorrección disimulan bastante mal su carencia de imaginación, describió a Maradona como un «dios de pacotilla», acaso creyendo que la alusión a la paca con que los marineros más pobres armaban su equipaje sería una referencia adecuada para su desprecio. Y, fuera de la zona de confort de sus consumos culturales y haciendo aflorar rasgos indelebles de su pacata ideología, Beatriz Sarlo tuvo que admitir amargamente que ese «gordo y balbuceante que hoy muestran las pantallas, emotivo, sentimental y truculento, no puede desvanecer la figura del mito heroico». Escurriendo un poco el paño, se puede decir que sendos ejemplos parecen asentados en la convicción de que la identificación popular con la figura heroica maradoniana tendría algo que ver con que en ese semblante se alimente algo así como una falsa ilusión, la de «un espejo de la felicidad» que simulaba desafiar aquello que de algún modo refrendaba. Hasta ahí llega esa mirada liberal, que se repliega reactiva ante lo intratable del mito forjado en la imaginación popular.

Pero, del otro lado de la vida, la descripción del héroe y su fuerza de encantamiento muestra hasta qué punto esos argumentos están equivocados en su manera de tener razón. No sólo porque se revelan incapaces de pensar y apreciar el valor de la proeza; también y especialmente porque se confirman reticentes a atribuir sentido a esa disposición anímica, a la vez sacrificial y temeraria. Sin ir más lejos, David Viñas, quien no prodigaba por Maradona un especial aprecio, se ayudaba a pensar la lógica del dominio de la perspectiva narrativa del liberalismo burgués del siglo XIX desde la condición excepcional por la que el célebre número 10 podía sostener su supremacía: en una memorable clase sobre Rodolfo Walsh (que puede consultarse en Youtube), al describir las características de los relatos y los mapas de *Variaciones en rojo* y vincularlos con el procedimiento propio del narrador romántico, asegura que «poner una escena "en planta" tiene una doble función»: hacia el lector, explica, pero, sobre el narrador, afirma una posición de privilegio, un dominio del espacio, un monopolio en la perspectiva, a vuelo de pájaro, visto desde arriba, al igual que Maradona, que es grande porque tiene la genialidad de ver su propio partido, el que está jugando *desde donde está y desde arriba*, de manera que sabe dónde se crean los espacios para hacer correr la pelota y así tiene una concepción privilegiada del juego *que se está haciendo*. Por eso es Maradona, ¿no?». Lo que emerge en esa percepción que Viñas remonta al poderoso narrador de *El matadero* de Esteban Echeverría es un desdoblamiento atribuible a la propia figura heroica: la de un ser que pisa el barro de la historia pero que, por momentos, puede acceder a la perspectiva divina para luego, con ese saber, hacer algo imposible. Alguien atado a una doble participación en falta: una vida desgarrada (ni del todo humano ni del todo inhumano); una condición en crisis (que no lo libera ni le permite renunciar). Por eso es tan importante y tan significativa la construcción mítica de sus ascensos como la de sus caídas. Soportamos la medianía de la vida sólo a condición de soñar con proezas que encandilan; pero, como oportunamente recuerda Mauro Libertella, también sabemos que «nuestra formación más profunda, la esencial, está hecha de derrotas: Maradona llorando en el césped de Italia 90, al término de la final perdida».

El puño apretado de la gloria y el nudo en el pecho tras la caída: las dos puntas de un mismo lazo que se cifra en el nombre de Diego Armando Maradona. Eso descubre María Moreno al leer la «carne performativa» del héroe en el flujo de una mutación incesante como un signo de su deriva y su transgresión. El héroe no está ligado al cuerpo deportivo si no lo está a la vez a la resonancia autodestructiva (que, va de suyo, es inseparable de la escena sacrificial que lo ha ungido) y la degradación que es el contrapeso de su genialidad y a la que «se asiste como a un espectáculo popular: zapán[1] de embarazo a término y carrillos inflados por la retención de líquidos propia del insumo de cocaína; o zapán y carrillos hinchados por los módicos sustitutos, siempre ricos en colesterol, abastecidos por las clínicas progres. O bucles de querubín de techo y remera con la cara del Che, cuyo rostro parece también inflarse por la superficie que debe contener. O pelo oxigenado, arito y discurso místico en versión berreta.[2] Y, siempre, con un fondo de orgías en donde la prensa hace de libertino y permite sospechar a través de sus conclusiones algún *partenaire* del mismo sexo».

---

1. «Panza», en inversión silábica típica del lunfardo.
2. De mala calidad. [N. del E.].

El héroe —recuerda también Kérenyi— no es un dios, porque, trayendo lo imposible a la tierra, pagará su insolencia con el exilio divino. Pero tampoco es un hombre, porque su condena ha sido desafiar la humanidad misma. El héroe está asediado por la soledad, porque a su lado nadie puede vivir como un par; en razón de eso, su manera de vivir es casi una manera de solicitar la venia del suicidio. En él se superponen, como en un ser imposible, las mayores virtudes y las más intolerables miserias. Ahí estriba el encanto y la fascinación que ejerce sobre la imaginación popular. Porque lo que el pueblo ama en Maradona —es decir: en ese héroe en quien conviven la picaresca, la astucia justiciera y la doble moral, la mueca burlona y la psicología complaciente, el tono pendenciero y plebeyo y la discriminación asentada sobre microfascismos diversos— es la pulsión obscena y contradictoria, de la que se permite inferir que toda hazaña implica un sacrificio y que toda precipitación al goce trae el dolor de una pérdida irreparable.

Ahora, el héroe ha muerto; las proezas se han vuelto inmortales y, por eso mismo, distantes como antiguas leyendas. Maradona es y será ya eternamente un dios. Pero los dioses no están en el camino. Están siempre en otra parte. Y eso nos condena a caminar de nuevo en soledad.

Diego Maradona y el sentido de la praxis

Raúl Andrés Cuello,
historiador del arte

*Nada está muerto para siempre;
todo sentido tiene su fiesta de retorno.*

Mijaíl Bajtín

Recuerdo que lo primero que me vino a la mente —cuando al fin pude sortear los descalabros emocionales— fue que, con el fallecimiento de Diego Armando Maradona, una significativa parte del siglo xx había dejado de existir.

O bien toda.

Tardé en ampliar la lectura de la frase, es decir, en poder dotarla de nuevas consideraciones que me brindasen a una aproximación a la densidad del mito; y es que Diego, por antonomasia, es el mejor ejemplo de mito humano que reivindica la misma circunstancia de *ser* humano y que a causa de esa circunstancia termina por exponerse, agonizar y al fin entregarse a la muerte. Es una condición de posibilidad que de tan personal se vuelve universal a los ojos de nosotros, los testigos de su obra.

La causa en común que nos representa y que defendió Maradona fue la de conjugar por un lado el sentimiento pasional del juego, y por otro, el sentimiento trágico de la vida, donde juego y vida se manifestaron indisociables en él, demostrándonos efectivamente que en cada momento se estaba jugando la vida.

Ante su figura se presentaban una serie de sucesos en los que coqueteaba siempre con una vida más allá de todo límite; y lo hacía de tal manera, con tal fruición, que parecía un ente eterno y autárquico, completamente disociado de un físico al cual el tiempo le iba pasando factura a cuentagotas hasta que ya no se la dejó pasar más.

De la disociación entre alma y organismo un amigo observó con gracia (en ambos sentidos del término) que «si uno veía postales del Diego y las separaba por décadas desde su infancia hasta su muerte se podía distinguir a seis personas completamente diferentes».

Como una variante de Proteo oriundo de Villa Fiorito, él buscó (no podemos decir que fuese involuntario) jugar al juego de la alteridad, y aun así y todo era posible reconocer que en el otro —el ciudadano político, el fraseólogo perfecto, el *showman* mundialista, el grávido *flâneur* de Cuba— se hallaba siempre el mismo.

Desde ese estatuto de lo mismo en el retorno de lo otro me pregunté muchas veces qué hacía posible que sus movimientos o declaraciones, vistos hasta el cansancio, lograsen transmitir el condimento mágico de lo que sucede en un instante de pura repentización, algo que resulta indisociable al momento primigenio del fenómeno. Quizás allí, en ese gesto que se repite una y otra vez, en ese *ritornello* impasible a épocas y a espectadores, podría estar gestándose una idea de respuesta desde la cual sea posible aprender algo.

Lo que hace que sus imágenes en movimiento nos parezcan inéditas cada vez que las vemos es que en ellas se cifra el grado cero de la experiencia: en éstas, Diego se vuelve el exponente, casi un cultor indiscutido de la praxis y de todo aquello que sea para nosotros un estatuto mismo de verdad. Personifica a su vez a la correcta idea de la concreción permanente de gestos en los que se torna imposible vislumbrar un trasfondo o una intención paralela, desconociendo —o ignorando conscientemente—, por otra parte, cuáles serían los riesgos asociados al no pensárselo dos veces.

Lo extraordinario de él es que encarnó (no hay otro término que se ciña mejor a lo que simboliza Maradona) fielmente a su época y constituyó a su modo el último eslabón de una cadena de tradición humana en la que lo único importante, lo que de veras estaba en juego, era el *hacer*. Un hacer sentido que llega al máximo gracias a su característica y carismática pulsión vibrante y por eso mismo transmisible en el encabalgamiento de sucesos, logrando, las más de las veces, que ese hacer torne a sistema en un denominador común: el pueblo.

Y uno piensa ¿qué es lo que un pueblo le demanda siempre a sus jugadores? Que lo den todo. Sí... pero hay formas. La forma en la que Diego le devolvió al pueblo lo que es del pueblo se inscribe en una razón calculada cuyo arco combina el máximo esfuerzo con un mínimo grado de error que tiende, cuando no a la elegancia, a la espectacularidad.

¿Nunca nos preguntamos a cuánto belga dejó desparramado antes de hacer el gol magnífico de la semifinal? O también, ¿con qué grado de precisión le dio a esa pelota para que la parábola se ajustara al ángulo imposible en arco de Conti? ¿Cómo hace alguien tan pequeño para llegar a ese aerolito que merodeaba el campo inglés? Fácil: con la mano.

Se habla tanto de la pegada del Diez y casi nunca de lo que hacía con las manos. Mano que después del milagro va y se agita frente a la tribuna azteca, manos rezando en el templo (la Bombonera), mano levantando el crucifijo para besarlo con una intensidad beata, manos atando los cordones para ganarle una pulseada a la *corpo*, manos que acomodan la pelota antes de acariciarla con el pie.

Aunque obrara milagros, sabemos que la materia de la que estaba hecho era de factura simple; porque el Diego no es la gloria que se metió en el barro, él *es* el barro. Barro de la historia que congrega el sentir argentino de la tragedia y la trascendencia. La tragedia *en* la trascendencia.

Tropo del caudillismo argento, la corrida heroica, el desenlace poético, supo mejor que nadie traer «alegría a este suelo». Pero luego acaeció el amiguismo-fugaz, la fiesta-fisura, el descenso a los infiernos.

Entre seda y vida se fue apagando el hombre.

Con él se fue una forma de hacer las cosas, una forma de hacérnoslas sentir, y ése es un don inigualable, un regalo tan grande, tan adimensional que por más que lo intentemos jamás podremos devolvérselo. O sí, mejor dicho, podemos devolvérselo si respetamos el ritual de ese sentir para que el sentido de su obrar tenga entonces su merecida fiesta de retorno.

LA AGONÍA DIFERIDA.
EL FÚTBOL COMO FORMA DE EXTERIORIDAD

Ivan Flores Arancibia,
filósofo, *Universidad Austral de Chile*

La desaparición del cuerpo orgánico: he aquí la acusación que pesa sobre el capital como máquina abstracta de exteriorización técnica. «Liberado de herramientas, gestos, músculos, de memoria, liberado de la imaginación por la perfección de los medios de transmisión», escribía André Leroi-Gourhan, el cuerpo orgánico tal como lo conocemos «probablemente se acerca al final de su carrera».[1] Y, sin embargo, en el umbral de la desaparición del cuerpo en un campo de operaciones maquínicas, la época, afirma Leroi-Gourhan, «está llena de supervivencias del pasado. El trabajador de la ciudad todavía sale a ver un partido de fútbol».[2] El ejemplo del fútbol no es casual: si la historia pudo ser descrita por Leroi-Gourhan como un proceso de exteriorización técnica forjada por la liberación de la mano, el fútbol aparece como el síntoma de una inversión de la memoria corporal de nuestra hominización: *todo comienza por los pies*.[3] La experiencia de las transformaciones tecnológicas que afectan al cuerpo, encontraría en el fútbol una suerte de perlaboración del imaginario que

---

1. Leroi-Gourhan, A., *Gesture and Speech*, MIT Press, Cambridge, MA, [1964] 1993, pág. 407.
2. *Ibid.*, pág. 358.
3. Serres, M., *Variations on the Body*, Univocal, Minneapolis, 2011.

retrotrae incesantemente el fantasma de un cuerpo anterior. En este breve texto quisiera analizar este síntoma, para cuyo propósito tomaré como referencias dos obras de Harun Farocki: el documental *Cómo se ve* (*Wie man sieht*, 1986) y la instalación *Deep Play* (Documenta XII Kassel, 2007).

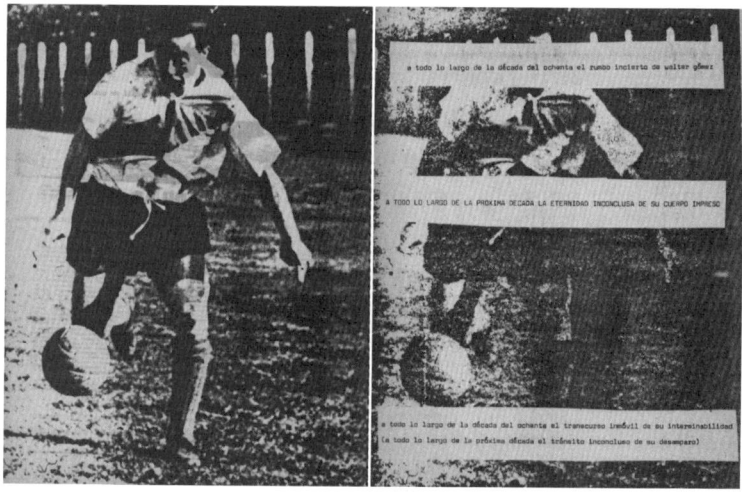

Eugenio Dittborn, *Estrategia y proyecciones de la plástica nacional: sobre la década del ochenta*, 1979. Fuente: Autoeditado.

La mutación del cuerpo debido a las transformaciones en los procesos industriales es el tema central de *Wie man sieht*. Su clave narrativa es la desaparición del trabajo vivo en las imágenes operativas: la eliminación del cuerpo en la línea de producción y el incremento de su función como agente de monitoreo de procesos automáticos. El título es ilustrativo: se trata de una exploración en las *formas de ver* en relación con la variación del trabajo vivo a medida que se sustituye el trabajo manual por el trabajo con máquinas y posteriormente con datos. La arqueología del movi-

La agonía diferida. El fútbol como forma de exterioridad

miento de rotación, desde el uso de cuerdas manipuladas por las manos, las máquinas de rotación impulsadas por los pies a través de pedales, hasta las correas de transmisión que «hacen de los trabajadores de la industria juguetes mecánicos», aparece acompañada por un conjunto de imágenes donde los gestos del cuerpo son relevados por los gestos vigilantes del rostro. Si el trabajo vivo tiene un vínculo corporal con el objeto de producción, las imágenes operativas, que designan una operación técnica concreta y están cada vez más determinadas por máquinas de visión,[4] actúan directamente sobre las cosas sin la intervención del cuerpo.

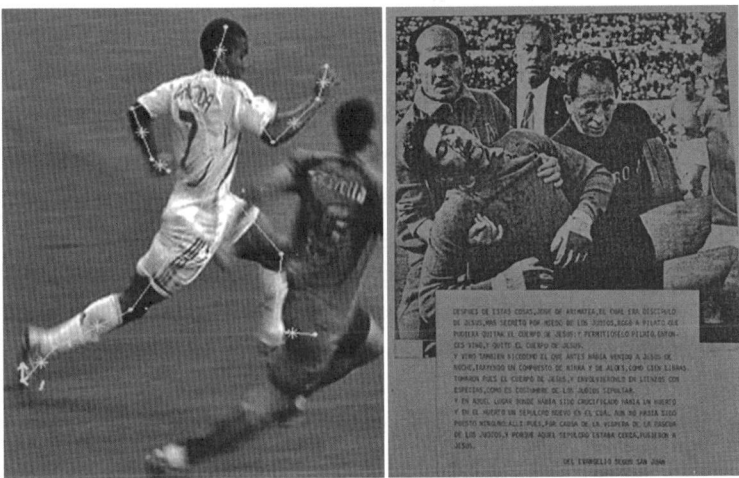

Izquierda: Harun Farocki. Fuente: Obra instalativa *Deep Play*, 2007. Derecha: Eugenio Dittborn, *Fallo fotográfico*, 1981. Fuente: del libro de artista *Fallo fotográfico* (1981).

4. Celis, C., «Imágenes operativas y montaje blando: historicidad de la función social de la imagen en la obra de Harun Farocki», en revista Aistheis, nº 60, 2016, págs. 91-109.

El documental de Farocki está recorrido, entonces, por una pérdida exponencial de las habilidades físicas del cuerpo. Casi veinte años después, en la instalación *Deep Play*, Farocki amplía su tipología de imágenes operativas hacia el fútbol: la transmisión de la final de la Copa del Mundo de 2006 entrelazada con los procedimientos tecnológicos que organizan el evento desde máquinas de visión: los cuerpos devienen trazos de información. «En última instancia, estas industrias [de datos] están haciendo con el fútbol lo que hicieron con las fábricas».[5] De *Wie man sieht* a *Deep Play*, Farocki muestra hasta qué punto la historia de los cuerpos, ya sea en la fábrica o en el fútbol, no es sólo la historia de su subsunción en el automatismo industrial, sino la historia de su subsunción en formas visuales de captura. Sin embargo, inscrito dentro de esta historia de los cuerpos, el fútbol parece prometer una exterioridad. Por una parte, porque las imágenes operativas, dice Farocki, aún no pueden influir en el resultado del partido: el fútbol es «una gran lotería en movimiento».[6] Es decir, habría en el fútbol una exterioridad de lo imprevisto, una *dinámica de lo impensado* que estaría vinculada con la relación de los cuerpos con ese *cuasiobjeto* que es la pelota. Por otra parte, porque dentro del proceso de sustitución industrial del cuerpo por la automatización, el fútbol activaría la resistencia del cuerpo. Si los trabajadores de la ciudad todavía salen a ver un partido de fútbol, es debido a que «admiran a los futbolistas porque trabajan con los pies de forma muy precisa. Los futbo-

---

5. Habib, A.; Pavlov, P. (2008). «D'une image à l'autre: conversation avec Harun Farocki"», *Ciel variable*, (78), págs. 64-66.
6. Entrevista de Martine Béguin con Harun Farocki en Radio Suisse Romande. Véase en este sitio: http://www.arpla.fr/canal20/adnm/?p=269)

listas ejercitan con los pies destrezas que normalmente sólo las manos pueden llevar a cabo. La experiencia de haber sido anteriormente tan ágiles con los pies conmueve a los trabajadores más que cualquier otra pérdida desde entonces».[7]

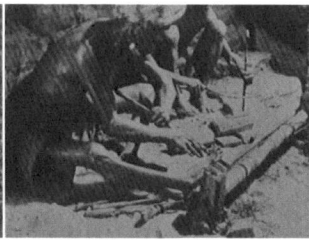

Izquierda: Jean-Yves Ruszniewski/ Getty Images, Mundial de México 86. Fuente: https://www.newframe.com/the-low-beauty-of-diego-maradona/.
Derecha: Harun Farocki. Fuente: Documental *Wie man sieht*, 1986.

Esta idea merece atención: no es la pérdida de la prensión de la mano,[8] sino la pérdida de la destreza con los pies lo que conmovería al trabajador. Y no habría un lugar más ejemplar que el fútbol donde el pueblo experimenta la sobrevivencia de esa habilidad. Farocki abre una reflexión generalmente omitida cuando se aborda la relevancia del fútbol como fenómeno cultural: la coexistencia entre la desaparición del cuerpo orgánico en las fábricas y la entrada en escena del fútbol en la historia. Esta coexistencia es comparable, según Farocki, con la coexistencia entre la desaparición del sujeto obrero y la entrada del pueblo en el cine. Los pueblos entran en la imagen fílmica al salir

---

7. Farocki, H., *Cómo se ve* (*Wie man sieht*), 1986.
8. Flusser, V., *Into the Universe of Technical Images*, University of Minnesota Press, Minneapolis, 2011.

de la fábrica. No hay, sin embargo, una historia sintomal de la sobrevivencia del cuerpo en el fútbol como existe una historia sintomal de la sobrevivencia del pueblo en el cine.[9]

El mismo año del estreno de *Wie man sieht*, en cuartos de final de la Copa del Mundo de México 86, Diego Maradona inicia un repentino movimiento a través de la defensa contraria. ¿No hemos admirado este movimiento una y otra vez en televisión? Pero ¿qué admiramos? Según Hans Ulrich Gumbrecht, este movimiento de Maradona resume la atracción estética del fútbol: la epifanía de la forma (*Epiphanien der Form*) que se une al cuerpo.[10] No obstante, desde la perspectiva de la historia de los cuerpos dentro de la automatización industrial, lo que nos conmociona de ese movimiento no sería ninguna epifanía. Lo que nos conmociona es la sobrevivencia de una destreza del cuerpo que permanece exterior a la desaparición del cuerpo orgánico. Las habilidades históricas del cuerpo han sido sustituidas en la fábrica, pero permanecen en el fútbol. Se trataría, en esa admiración adherida al cuerpo, de una relación particular con la pérdida del propio cuerpo. Una relación, entonces, con una especie de agonía diferida. Sería preciso imaginar un atlas del fútbol, un atlas del síntoma donde el pueblo ha soñado la sobrevivencia del cuerpo. En la desolación extemporánea de imágenes fotográficas de futbolistas, con sus gestos fulminados por el negativo, Eugenio Dittborn *encontró el instante* de un inconsciente óptico que mostraría la sobrevivencia de la gesticulación agónica del cuerpo.

---

9. Didi-Huberman, G., *Pueblos expuestos, pueblos figurantes*, Manantial, Buenos Aires, 2014.
10. Gumbrecht, H. U., *Lob des Sports*, Suhrkamp Verlag, Fráncfort del Meno, 2005.

Izquierda: Del director Cao Hamburger. Fuente: Película *O Ano em que Meus Pais Saíram de Férias*, 2006. Derecha: REUTERS/Gary Hershorn, Diego Maradona, Mundial de México 86. Fuente: https://www.reuters.com/article/futbol-maradona-camiseta-idESKBN2872QZ

Hacia el final de la película *O Ano em que Meus Pais Saíram de Férias* (2006) de Cao Hamburger, la dictadura en Brasil colapsa por noventa minutos en las imágenes que transmiten la final de la Copa del Mundo de 1970. Hacia el final de *Zendegi va digar hich* (*Y la vida continúa*, 1992) de Abbas Kiarostami, el terremoto se pierde por noventa minutos en la final de la Copa del Mundo de 1990. Siempre se ha visto este solapamiento del fútbol con la realidad bajo la lógica de la distracción. «Cuando vos entrás a la cancha, se va la vida, se van los problemas, se va todo».[11] ¿Qué significa esta evitación del mundo que experimentamos por igual cuando entramos en la cancha o miramos un partido? El desvío del fútbol no está hecho para recubrir otra cosa, sino para mostrar, como señala Jean-Luc Nancy a propósito de la película de Kiarostami, «que la vida continúa ante todo en una exterioridad».[12] Una exterioridad que cava en el

---

11. Maradona, D. A., documental dirigido por Asif Kapadia, 2019.
12. Nancy, J-L., *The Evidence of Film*, Abbas Kiarostami, Yves Gevaert

imaginario la creencia en algo. ¿La creencia en qué? En primer lugar, la creencia en un devenir imprevisto. Si el capitalismo es la usurpación global del devenir, cuando la pelota se mueve, dice Brian Massumi, participamos de un campo inmanente en el que todos los códigos, de los cuerpos al espectador, de los jugadores a la televisión, quedan reducidos por noventa minutos al devenir incierto de ese cuasiobjeto que es la pelota.[13] En segundo lugar, la creencia en una *variación proletaria* del cuerpo: la subversión de la mano de obra por los pies. La potencia irracional del fútbol no es una ausencia de pensamiento, sino, precisamente, un modo de pensar ese cuasiobjeto sin la captura del concepto. La captura es la obra de la mano, que abre un mundo. El fútbol piensa con los pies. Tocar la cosa por fuera es la obra del pie, que desvía el mundo. En la época de las imágenes operativas y del automatismo industrial, el imaginario se invierte y, absolutamente material, se entrega a la creencia en este desvío. El fútbol es una sublevación del cuerpo que nos permite creer, todavía, en la exterioridad del mundo.

Éditeur, Bruselas, 2001, págs. 64-66.
13. Massumi, B., *Parables for the Virtual. Movement, Affect, Sensation*, Duke University Press, Durham, 2002.

El deslenguado:
desequilibrante y desequilibrado

Santiago Slabodsky,
profesor en Hofstra University, Nueva York

> *A mí no me dejan entrar a Japón porque consumí droga, pero se abrazan a los gringos que les tiraron dos bombas atómicas.*
>
> Maradona, citado en Bruschtein, 2020

El deslenguando

La muerte de Maradona me encontró en la ciudad de Nueva York, en medio de un barrio hispano-caribeño castigado, como pocos otros, durante la pandemia. Un barrio donde la posibilidad de sobrevivir aún depende de cómo las y los trabajadores son inquisitoriamente calificados como «mano de obra» dispensable, según el grado de hispanidad, indigenidad o africanidad que supuestamente se lleva en la sangre, tantas veces legislada como impura. Tengo la certeza de que si Maradona hubiera podido visitarnos antes de la pandemia, se hubiera sentido muy cómodo en un barrio floreciente, con la creatividad que demandan las vidas forzosamente desequilibradas. Sin embargo, este barrio se encuentra en una ciudad que representa, desde sus rascacielos a Wall Street, una civilización que crea un orden, convirtiendo la humanidad de muchas en mercancía. Y, temerosa de perder un equilibrio reificado abusando otras vidas y acallando otras voces, le negó a Maradona una y otra vez el ingreso por haber sido calificado por los poderosos como «un negrito deslenguado».[1]

«Negritos», mejor dicho: «cabecitas negras», tal fue el calificativo que los padres de Maradona recibieron al inmigrar a Buenos Aires en mitad del siglo pasado, convirtiéndose en «mano de obra» urbana. Su hijo, con su gambeta desequilibrante, dejó atrás esa condición para convertirse en «pie de obra» mundial,[2] confrontando una existencia encarnada por el lugar que le tocó en el sistema; su rasgo distintivo fue indiscutidamente su zurda. Pero hay otra parte de su cuerpo que lo hacía desde muy pequeño un jugador peculiar. Maradona, nos dice el icónico pensador uruguayo, «tenía la costumbre de sacar la lengua cuando estaba en pleno envión. Todos sus goles habían sido con la lengua afuera».[3] (Galeano, 1995: 50)

Son innumerables las fotos y vídeos donde su juego desequilibrante se producía de esta particular manera. Cuando este desequilibrio, con lengua afuera, era dentro del campo de juego, los dueños del balón lo consideraban un ahijado. Pero cuando la misma lengua desequilibraba en otros espacios denunciaba injusticia y corrupción, y sobre todo en la FIFA, pasaba de ser el héroe desequilibrante a un desequilibrado, y de goleador con lengua afuera, a un deslenguado. Cuando el FBI, décadas después, apresa a los dirigentes, ningún titular de periódico los llamó negritos, deslenguados ni desequilibrados. El FBI es la ley objetiva e imparcial. Maradona ni es asignado, ni aspiró a ese

---

1. Alabarces, P., «Maradona, el fútbol, la patria, el peronismo y otros gremios paralelos», *Encrucijadas*, 33, págs. 1-4.
2. Galeano, E., *Cerrado por fútbol*, Siglo XXI, Ciudad de México, 2017, pág. 61.
3. Galeano, E., *El fútbol a sol y a sombra*, Siglo XXI, Buenos Aires, 1995, pág. 50.

lugar. Su deslengüe tenía otra aspiración: «Yo soy la voz de los sin voz, la voz de mucha gente que se siente representada por mí, yo tengo un micrófono delante y ellos en su puta vida podrán tenerlo».[4]

Desequilibrante

Quise llorar al desequilibrado/desequilibrante por siete días y siete noches como mi tradición religiosa dicta. Pero al ser desequilibrado yo mismo, lo continúo llorando. Y escribo estas líneas justamente porque los motivos se me escapan. Es posible que mi compatriota tenga razón, que aquellos que crecimos con Maradona estemos haciendo el duelo por nuestro propio pasado.[5] En mi caso, cada una de estas ocasiones es un nuevo desequilibrio deslenguado atravesando la historia argentina del siglo XX.

Los primeros goles del «Pelusa» los oí en una pequeña vieja radio gris que mi abuelo atesoraba como el oro mismo. Mi abuelo, un huérfano, hijo de inmigrantes judíos perseguidos, sabía que la educación, una de las vías para su integración social, estaba más allá de su alcance. Entonces optó por la otra vía a la argentinidad: el fútbol. Y entregándose más allá de todo equilibrio burgués, se deslenguaba recitándome de memoria viejas alineaciones de su «Boquita». Y mi abuelo, sin educación

---

4. Maradona, D. A., *Yo soy el Diego*, Planeta, Buenos Aires, 2006, pág. 82.
5. Siskind, M.; Mineo, L., «Why Maradona Matters», *The Harvard Gazette*, 4 de diciembre de 2020, https://news.harvard.edu/gazette/story/2020/12/harvard-professor-explains-why-diego-maradona-matters/

formal, usó los desequilibrios desequilibrantes de Maradona para enseñar al futuro académico que la historia está en cualquier lado menos en el pasado. Tal vez resida en la memoria activa.

Es por eso que leer al Maradona de 1986 bajo la figura del deslenguado/desequilibrante, que interroga una historia que se piensa como pasado inamovible, puede ayudarnos a entender por qué Jorge Valdano lo cree «una leyenda inigualable». Antes del famoso partido contra Inglaterra, a su compañero merengue se le ocurrió decir que «confundir el fútbol con la guerra es propio de imbéciles».[6] Pero Maradona, con su lengua al cielo, primero pide prestada una mano divina. Y después su cintura desequilibradora «deja atrás a tanto inglés», demostrando cómo el amague que uno aprende en el potrero es aquel «arte que los pobres pueden permitirse».[7] Un arte que venga la memoria de los jóvenes pobres sacrificados dos veces en Malvinas: primero por el nacionalismo dictatorial y después por el imperialismo británico. La creatividad del desequilibrio puede no borrar las penas de la historia, pero su memoria las usa con otros fines.

Es precisamente esa creatividad del héroe plebeyo y subalterno desde la picardía a la ridiculización del poderoso,[8] que lo convierte en un héroe antiimperialista desde Buenos Aires a Maasjed Soleyman.[9] Valdano, el mesurado filósofo del fútbol,

---

6. Valdano, J., *Fútbol: el juego infinito*, Conecta, Barcelona, 2016, pág. 115.
7. *Ibid.*, pág. 23.
8. Alabarces, P., *op. cit.*, pág. 3.
9. Boveiri, K., «Remembering Diego Maradona: The Idol of the Poor», *Jacobin*, 28 de noviembre de 2020, https://www.jacobinmag.com/2020/11/diego-maradona-iran-idol-poor-che

no se rinde frente al equilibrio sino al desequilibrio. Primero reconoce que los que querían relacionar fútbol y política no eran los imbéciles: «El tiempo demostró que el imbécil era yo». Y después asevera la trascendencia del desequilibrador más allá del campo de juego: «Maradona siempre me pareció un jugador buenísimo jugando a cualquier cosa, y no solamente al fútbol». No faltan imágenes de un Maradona deslenguado y fanfarrón. Pero Maradonas deslenguados hay muchos. El Mundial se obtiene durante la primavera política que aseveraba que «Con la democracia se come, se cura y se educa». Sin embargo, Maradona se apena reconociendo que «el triunfo no bajó el precio del pan». Íntimamente, recuerda años después, «sentía que todo eso era demasiado. Yo sólo había ganado un Mundial».[10]

Desiquilibra(n)do

Maradona podía ser un fanfarrón egocéntrico, pero también un ser empático solidario. Pero siempre era un deslenguado, tanto desequilibrante como desequilibrado. Es precisamente esta combinación que lo hace aparecer «suplantando la política ausente».[11] La ausencia suplantada es de tres órdenes: mundialmente confronta una cultura posmoderna chata, que pronto será pensada como neoliberal y después globalizada; regionalmente suplanta una obsesionada negación a escuchar las voces de cuerpos racializados por la colonialidad imperante en las Américas; y localmente, debido a la desaparición de una genera-

---

10. Maradona, D. A., *op. cit.*, pág. 91.
11. Alabarces, P., *op. cit.*, pág. 1.

ción completa —30.000 luchadores y luchadoras argentinas cuyas lenguas afiladas desequilibraban una dictadura militar que los secuestra y asesina o desaparece—, defendiendo la cristiandad occidental bajo la cruz y la espada o el águila y los bombardeos. En su presencia desequilibrada, Maradona se convierte en «un símbolo de una comunidad imaginaria». Es precisamente este rol, desafiando ausencias ideológicas o corporizadas, que hacen a Maradona historia viva y crea un futuro de memorias.

Pensar a Maradona también es pensar otros desequilibrios que hacen de las utopías de algunos, las distopías de otras. Sus desequilibrios personales me tienen sin cuidado. Fontanarrosa, apócrifamente, tiene razón: «No importa lo que hizo Maradona con su vida, sino con la nuestra».[12] Sin embargo uno se pregunta quién es el nosotros con respecto a su masculinidad toxica. Algunos pueden excusarlo: eran otras épocas. Pero aun en otras épocas las víctimas reconocen el abuso. Otras posturas pueden argumentar que a Maradona lo hemos amado y al amor no se elige o que no se puede pensar la sexualidad masculina sino atravesada por juzgamiento de clase y raza. Y allí tienen razón. Pero también podemos preguntarnos, con Brenda Elsey, si su actitud de género no sintomático es un problema mayor; si su negación a apoyar equidad con el fútbol femenino hace que su simbolismo «opaque» su trabajo real.[13] Y Maradona nos exige pensarlo.

---

12. Kolesnicov, P., «La frase viral sobre Maradona», *Clarín*, 30 de noviembre de 2020.
13. Elsey, B., *Maradona Global Icon*, University College, Londres, https://www.ucl.ac.uk/americas/events/2020/dec/maradona-global-icon

¿Cómo pensar entonces a Maradona en el siglo XXI? Siempre un deslenguado, desequilibrante o desequilibrado, según quien lo interprete. ¿Cómo pensar al niño, destinado a ser «mano de obra» cuyo sueño era «jugar un Mundial»? El hecho es que su desequilibrio nos hizo jugar a todos y todas. Y tal vez se lo piensa a Maradona sólo si seguimos jugando, con la lengua afuera y con responsabilidad crítica. Pero siempre, siempre desequilibrados.

Maradona ha muerto, se nos murió el fútbol

Luis Felipe Oyarzún Montes,
profesor de Filosofía, Instituto Profesional Arcos (Chile)

Para Ro

Ha muerto Maradona. Pero no sólo eso. A más de alguno he escuchado también decir: «murió Maradona, se nos murió el fútbol». ¿El fútbol? ¿Merece todo este duelo? ¿Quién? ¿Maradona o el fútbol? ¿No estamos llorando un (nuevo) truco de la mercadotecnia que nos vende formas de vida como si nosotros las hubiésemos *decidido*? ¿Una nube evaporizada de esta sociedad del espectáculo que nos tiene, atados a nuestras butacas, entontecidos por aquello que nos está envenenando?

Recordarán algunos aquello que un pensador expuso en un curso dictado en la Universidad de Friburgo, allá por el año 1935: la decadencia del mundo europeo occidental se ponía de manifiesto, entre otras cosas, en el hecho de que un boxeador fuera valorado por el pueblo como el gran ser humano. Esta decadencia estaba marcada por la organización técnica del mundo, por la destrucción de la Tierra, por la huida de los dioses, por la desaparición del tiempo como historia, por la masificación de la vida humana y por el desprecio de toda creación «auténtica». Pero ¿no fue también aquel gran pensador, en ese mismo curso, quien vio en un criminal la puesta en obra de la salvación del destino metafísico de su pueblo, último faro esencial de Occidente? Moraleja. No nos apresuremos a juzgar *el dolor y la pasión* con la que una pluralidad de cuerpos abrazados vive un duelo o celebra su grandeza. No siempre se debe al embrutecimiento de una masa arreflexiva cegada por el resplandor de la mercancía. A veces, se trata de *otra cosa*. Puede pasar que, sin darnos cuenta, caigamos en una lógica más bien elitista y puritana del saber, y terminemos quemados por la misma luminosidad en la que nos creemos situados. A cualquiera le puede pasar: despreciar lo que siente la gente por un futbolista, admirando, a su vez, a un psicópata.

Dicho esto, vuelvo a la frase: *murió Maradona, se nos murió el fútbol*. ¿Qué puede significar una frase así? ¿Es Maradona un jugador y nada más? Su muerte ha sido vivida con un fervor popular difícil de justificar, forzando a muchas personas a posicionarse en rincones antagonistas: repudio y cancelación, por un lado, duelo y veneración, por el otro. ¿Cómo entrar en esa fibra que enciende un desacuerdo tan de piel? ¿Es que acaso podemos separar esos hilos para intentar palpar, aunque sea a la distancia, ese tejido emocional donde faltan argumentos? No por ineficiencia, sino porque en los lindes de la vida, no pocas veces, lo que nos falta son justamente argumentos: como si una latencia de vida se escurriera, irreductible, a todo silogismo que dictara: «esto es esto». ¿No ocurre algo parecido cuando nos duele algo que no podemos explicar? Adviene sin mediar razones. «Algo» duele en un cuerpo trenzado de pluralidades en devenir.

Murió Maradona y murió el fútbol. Para un latinoamericano no hay cosa más cotidiana que el fútbol. Es un rito (malo o bueno), de esos que se cultivan *de a de veras*. ¿Que el fútbol haya muerto con Maradona implica, entonces, el cese repentino de una vibración que se hace culto? Evidentemente, no se ha extinguido eso que *también* se llama fútbol, y que es administrado por instituciones en las que se escriben sus capítulos más oscuros. No, la desaparición de Maradona intensifica una *otra cosa* que excede aquellos engranajes que quieren imprimir formas de intercambio en las energías bullentes de deseo, amor y amistad. Con la muerte de Maradona se devela una falta, sí, pero que sólo con su desaparición se nos convierte en lo que *nos hace falta* pensar de nuevo. No cesa la vibración, sino que ésta se densifica en los pliegues de lo decible.

Pensemos en el VAR, aquel dispositivo en lo que se nos muestra todo lo que Maradona no significa, y sobre el que se organiza la institución del mundo del fútbol. El VAR busca maximizar el rendimiento perceptivo de aquello que debe asegurar la administración exacta (reduciendo al mínimo la interpretación y el criterio) de las reglas de un juego en el que debe primar, por sobre todos los otros elementos que inciden en él, el *mérito*. Pero ¿qué es eso del mérito? Una lógica de esfuerzo individual orientada a la recompensa, que piensa la vida, el cuerpo, el tiempo y el espacio como medios para lograr *más*: así de abstracto. Dominar la incertidumbre (lo que no sabemos, lo que no se puede anticipar, el juego sin más) para asegurar que la inversión tenga la ganancia esperada, eso es el VAR. ¿No vemos hoy sobre el campo cuerpos modelados por imaginarios de éxito, llevados al límite de eso que se suele llamar *tu* potencial?

También nuestro mundo cotidiano se ha convertido en un gran centro de alto rendimiento, en el que nuestros cuerpos son *entrenados* para adaptarse continuamente a lógicas en las que la ilusión del mérito esconde una guerra de todos contra todos por un *paraíso* que no existe. Pensemos en nuestras escuelas. ¿No nos tiemblan las piernas cuando una retórica de entrenador de rugby busca hacer de los jóvenes cuerpos aptos para sobrevivir en esta guerra por la optimización continua? Gobernados por esos semidioses optimizadores llamados algoritmos, nos vamos convirtiendo *en el sueño de un dios que no sueña*: indispuestos al advenimiento de lo imprevisible. El temor de que algo acontezca, ¿no es ésta la pesadilla del funcionalismo global que trama nuestro día a día?

Sin embargo, Maradona, o *eso otro* que alumbra con su muerte, nos muestra acaso una grieta, una hendidura en esa superficie sin textura. La mano de Dios: la norma se hace ineficaz, el mérito no rinde, lo indeterminado irrumpe dejando que suceda lo imposible: *la justicia*. La mano de Dios, esa poética que de alguna manera *sana* desde un juego que no es otra cosa que eso: juego.

Ocurre que Maradona, jugando, hace acaecer lo imposible. En el campo, parece un dios dichoso, inventando espontáneamente una danza en la que es acariciado por lo que ama y disfruta: *vivir, jugar*. Como un *amateur* que hace porque hace, que ama porque ama, que hace de esa *cosa* que no deja de llamarlo (de esa cosa que existe sólo mientras los cuerpos se mueven rozándose), fiesta de la vida sobre tejados hechos de pasto y cielo. Que vive *porque sí*. Que agradece y celebra.

No es Maradona lo que se llora ni tampoco el fútbol. O sí, pero también *eso otro* que duele, como duele la vida cuando la van privando de su exceso, de su inconmensurabilidad: de ese instante liviano y sagrado que se abre en nosotros cuando esa pesada trama cotidiana que montamos para sobrevivir, para pelearnos por un minuto más de vida, por un segundo más de aire, se desvanece en una gran carcajada cósmica. Maradona, instante de un sagrado *porque sí*. Maradona, con esa desfachatez a veces exasperante, que planta cara a un espectáculo hecho de luces y productos de limpieza.

Maradona —y *eso otro* que nace de sus pies y de sus manos, de su voz entrecortada— nos muestra ese elemento singularísimo que el mundo de hoy, por una inercia que intoxica, quiere apagar: lo incalculable. Ese campo indeterminado estremecido por puntos de fuga donde, en el tacto, en el juego, en la risa que también es llanto, nos toca lo que no sabemos, lo que no esperamos. Un pliegue que da lugar al porvenir. Un chispazo que nos arriesga a amar de modo *diferente*: infinito.

El fútbol ha muerto: pero nace una *verdad* más bien energética, vibrante, inmediata, que se cuela por las grietas de un gobierno aséptico e hiperproductivo de la vida que busca, anticipando el deseo, calcularlo todo. Es esa energía que se *resta*, pero también, esa energía que estalla como revuelta, contradicción, vínculo que no cabe suturar en una forma o dominio inmutable o claramente limitado. Es más bien un juego siempre vivo de relaciones plurales que no terminan nunca de encajar del todo y que no poseen ritmos predefinidos: bailan bailando. Tal como Maradona, tejiendo un juego de tierra y cielo en cada uno de sus pasos que vuelan. Energía entonces, pero también potencia que no cabe al interior de las lógicas del rendimiento, y que por eso desgarra como una contradicción del tamaño de un secreto, de esos que se comparten con la mirada. Pero también, de esos que, en el contacto de la piel con la piel, de la carne con esa otra carne, dejan escapar una intimidad que sólo es posible en el choque irreductible de cuerpos que gozan y duelen. Como si jugasen al fútbol, *porque sí*: eternamente.

LA MUERTE DEL DIOS PLEBEYO

MALVINA SILBA,
investigadora CONICET, docente IDAES-UNSAM y UBA

D10S y los modelos morales que supimos conseguir

Maradona es nuestro dios pagano. Los y las futboleras de este mundo nos sentimos huérfanas, desoladas, sin consuelo. Se nos fue el que nos enseñó todo lo que sabemos de fútbol, con él aprendimos a llorar su dolor y a transitar la derrota. Diego Maradona fue, además de futbolista, varón, padre y marido, un modelo moral del que aprendimos lo bueno y lo malo, lo deseable y lo ominoso, lo justo y lo inalcanzable. Pero si algo nos enseñó Diego mejor que ningún otro ídolo popular fue el goce, la irreverencia, la potencia de desafiar lo establecido, la virtud de ser un *negrito del conurbano* soñando con ganar un Mundial, ganarlo siendo el mejor del mundo y disfrutarlo sin composturas ni represiones. Y ya sabemos lo que pasa cuando los que estaban destinados a ser pobres y nadies se consagran: arden las buenas conciencias del *statu quo*.

Maradona negro

Ser negro en la Argentina es sinónimo, casi siempre, de ser pobre. El *negro* es *negro de piel, de alma y de mierda*. El Diego era los tres para sus detractores, para los que no lo entendían, para quienes no respetaban el mito Maradona, el genio Maradona, el

Diego de la gente. Maradona fue portador, dueño y señor del amor del pueblo, del argentino y del Mundial: el ídolo global —a través de él entendí, por primera vez, qué significaba la globalización sin haber salido de la Argentina—. Los mismos *cabecitas negras*[1] que lloraron en la primera plana de los medios porque ese llanto fue noticia y ese amarillismo sentimentalista sumó público a los medios de comunicación como nunca. Fue la oportunidad para esos miembros de las clases trabajadoras de ser tapa de los diarios por actos no delictivos o copetes[2] no estigmatizantes. Quienes despreciaban al Diego lo hacían porque su irreverencia era incorrecta, incómoda, indigerible. Maradona se vestía de Versace y se paseaba por Europa, pero no podía dejar de ser el mismo que había salido de Villa Fiorito y que se había casado con la Claudia, otra negra como él. El odio a Maradona es clasista, aunque lo promuevan personas con quienes compartió el origen social; que la cuenten como quieran.

Maradona padre

¿Qué pasa cuando una mujer feminista se declara fan de Maradona? ¿Cuáles serían las supuestas tensiones entre ser feministas y maradonianas? Responder a ese interrogante nos obliga a

---

1. Personas que nacieron en las provincias del interior del país, generalmente de origen indígena, que emigraron a las grandes ciudades en la época del desarrollo industrial de mediados del siglo XX. Este término se popularizó durante el primer peronismo (1945-1955) y con el tiempo adquirió una fuerte connotación negativa, de fuerte corte clasista.
2. En periodismo, se llama copete al párrafo introductorio ubicado debajo del título de un artículo periodístico, en ocasiones en lugar de la bajada. [N. del E.].

recordar al Maradona humano, contradictorio, lleno de fisuras y de puntos oscuros. Quizás su función más cuestionada fue la paterna: Maradona tardó años en reconocer a varios de sus hijos e hijas— aunque finalmente lo hizo, cuando los años y la vida le fueron cayendo encima sin piedad. Eso no lo hace menos ídolo popular ni menos genio del fútbol, lo hace ser un miembro más de esta sociedad machista y patriarcal que ha naturalizado que los padres biológicos de tantos de nosotros no nos hayan reconocido. La otra cara de la moneda se veía en la devoción que tenía por Dalma Nerea y Giannina Dinorah (¿sabe el mundo que por lo menos en Argentina nos sabemos los dos nombres de sus hijas de memoria, como si se tratara de un soneto escolar o un pasaje bíblico?): era admirable ese amor genuino e intenso, que nos despertaba a las huérfanas de padre una profunda envidia. Diego fue el padre que pudo ser, de eso no hay duda, pero ¿qué nos enseñó Maradona a *estas feministas*? Nada menos que el valor de lo humano con matices y fisuras, con errores comunes y desaciertos graves. Y también un poco de esa potencia plebeya que desde abajo nos empuja a resurgir y seguir insistiendo en reclamar por nuestros derechos en la adversidad y en la fiesta popular, callejera, incómoda y disidente.

Maradona *show* e irreverencia

Diego vestido de mujer, con peluca y labios rojo fuego, Diego con sobrepeso y el pelo teñido de rubio, Diego con tapado de piel, Diego fumando habanos, Diego tirando la casa por la ventana en su boda con Claudia Villafañe celebrada en el mítico Luna Park, Diego peleando con periodistas a gritos y empujones, Diego insultando y despotricando contra quienes lo critican, Diego en conferencia de prensa dedicándole palabras incorrectas a un periodista que las merecía pero... Diego fue parte de nuestro *show* mediático. La *novela Maradona* da y seguirá dando *rating*, quién puede dudarlo. Fue nuestro embajador deportivo, nacional y cultural. Icono de la moda estrafalaria y de los gestos elocuentes e inolvidables. Lo recordamos abrazado a Doña Tota, en tanga con Coppola[3] y a los besos con «El Cani»[4], Colin Farell o Maluma; cantando con el Dúo Pimpinela[5] o actuando con Minguito[6] y Porcel.[7] Maradona es tatuaje indeleble y meme[8] eterno en nuestras redes. Siempre lo recordaremos iluminado por un rayo de sol mientras celebraba el gol argentino ante Nigeria en el Mundial de Rusia 2018. Esa imagen que ahora nos vuelve como el augurio que fue de un llamado divino a celebrar el gol eterno de una vida memorable. Diego espectáculo, Diego chimentos,[9] Diego siempre noticia. ¿Qué será de nuestra vida terrenal sin tu magnética presencia?

---

3. En referencia a Guillermo Coppola, su exmanager.
4. Sobrenombre con que el cual se conoce en Argentina al exjugador de la selección argentina Claudio Paul Caniggia.
5. En referencia al dúo musical argentino compuesto por los hermanos Lucía Galán y Joaquín Galán.
6. Personaje encarnado por el actor Juan Carlos Altavista.
7. En referencia al actor Jorge Porcel.
8. Según la RAE, el meme es una imagen, vídeo o texto, por lo general distorsionado con fines caricaturescos, que se difunde principalmente a través de internet.
9. Comentario o noticia no verificada que circula entre la gente, generalmente de carácter negativo. [N. del E.].

Maradona's fans: amor y aguante

Era miércoles 25 de noviembre de 2020. Prendí la tele para que las noticias lo desmientan, vi caras de desconcierto, zozobra, profunda tristeza. Lo chequeé en varios canales de televisión abierta y también de cable por las dudas. Los periodistas, la gran mayoría varones, empezaron a perder la compostura. Lloraban al aire, no sabían mucho qué decir. «La noticia que nunca hubiéramos querido dar», dice uno. «Yo no doy esta noticia», sentencia otro. La educación sentimental que aprendemos en los medios, en la calle y en la vida, a pura prueba y error, se encarna en los fans varones de Maradona de una forma fantástica y cruel. Porque esa pasión maradoniana les permite saltar las barreras de lo no dicho, lo reprimido, lo no representado: el amor por otro varón, las lágrimas derramadas por ese otro varón que de golpe se fue y los dejó huérfanos de fútbol y de mito. Solos en la argentinidad futbolística deslucida y sin gracia, presa de las trampas propias y ajenas en las que la sumieron las malas gestiones, el capitalismo despiadado y la pandemia. Los varones lloran frente a cámara sin miedo a que le griten «putos», «maricones», lloran en las calles y más tarde lo harán en el adiós final al máximo ídolo futbolístico argentino y mundial de todos los tiempos. Pero ¿ese no era Messi? Me van a disculpar, pero no. Maradona soportó sobre su cuerpo y su subjetividad la carga mayor de ser el capitán argentino, el dueño de la 10 que se puso el equipo al hombro y lo llevó a la gloria. *Aguantó* como nadie la adversidad: Maradona y su tobillo, Maradona y el gol a los ingleses, Maradona insultando a los que nos silban el himno, Maradona y sus piernas cortadas. Pero también Maradona y Fidel, Chávez, Evo y el Tren del Alba en

2005.[10] Diego fue un desborde constante que, con aciertos y errores, amores y odios extremos, nos enseñó a enfrentar la adversidad con las mejores herramientas: talento, astucia y desafío a la autoridad.

AD10S

El legado será su fútbol y sus hijas e hijos. Todo lo que nos queda para recordarlo, homenajearlo y saberlo cerca aunque ya no sea así. Lo que viene es transitar el dolor por su partida y celebrar, aunque más no sea, haber sido parte de una generación que lo vio jugar, que lo escuchó cantar y reírse, putear y enojarse como pocos, gritar de bronca y llorar de felicidad. Ser amigo de los justos y también de los pecadores. Mostrarnos que los ídolos son de carne y hueso y están lejos del ideal. Hoy le rezo al D10S Maradona y en él a todos los fieles de la iglesia maradoniana que con tanto fervor y tanta fe nos han enseñado a ser felices con poco, que no está bien, claro, pero hoy es lo que hay. A partir de mañana podemos recordar su irreverencia y su cercanía con los más humildes, a ver si logramos construir un mundo en donde los de abajo tengan su oportunidad para lucirse y triunfar. Salud al cielo. Que descanses en paz, Diego de mi corazón.

---

10. También conocido como Tren de la Contra-Cumbre del ALCA, desarrollada en Mar del Plata durante el mes de noviembre del año 2005.

Imágenes Maradona

Gustavo Varela,
ensayista y profesor en la Universidad de Buenos Aires

El asunto

Hay una imagen de Maradona con los ojos cerrados, saliendo de una casa y rodeado de policías, algunos de uniforme, otros no. Por entonces la Argentina estaba de remate: la luz, el agua, el gas, los trenes, los medios de comunicación, los astilleros, los pueblos, los pobres. El neoliberalismo al palo y todo al mismo postor. También a él, al Diego, lo sacaron de remate cuando unos gordos de la Federal estaban dispuestos a entregarlo a cambio de unos pesos. Lo vendieron en un departamento de la calle Franklin, en el barrio de Flores, en abril de 1991. Sí, fue el primer escándalo con «el asunto»: la policía lo sacó a empujones, listos para mostrarlo como a un adicto. ¿Quién lo vendió? ¿Hubo algún buchón? ¿Había medio kilo? Alguien lo puso en la vidriera para que otros (unos más gruesos que los gordos) se quedasen con la merca y con la plata. Maradona se hizo visible esa vez y así siguió la cosa, de ir y venir con «el asunto». Los sabuesos de la policía en la Argentina estaban listos para obtener un nuevo botín. Hasta que llegó la orden de arriba, no de la Federal sino de más arriba, de lo más *grosso* de la política. Un arreglo entre un gobernador local y un miembro del poder ejecutivo, también local. Desde entonces, en Argentina, nadie se metió con «el asunto» del Diego: con el concepto «estoy enfermo» lo blindaron para siempre.

Revolución

A pesar de la multitud que lo celebraba, el amor hacia el Diego fue un amor a distancia. Lo amábamos a distancia, pero lo creíamos propio, de cada uno de nosotros, en cierta manera éramos los dueños de él. En esa distancia entre él y nosotros estaba la felicidad del Mundial de 1986 para toda la Argentina; estaba el insulto a los italianos del norte en el 90; estaba la reverencia al comandante Fidel Castro, desde 1987, cuando por primera vez lo ve en su despacho, frente a la Plaza de la Revolución; estaba en el tren a Mar del Plata, en la Cumbre de los pueblos, con Chávez, con Evo, con Lula, con Hebe de Bonafini y las madres de Plaza de Mayo; y también estaba todo el desprecio a Bush y, a la vez, a todo el amor a Néstor y Cristina. Estaba todo eso. Y el Diego, como siempre, un revolucionario en la calle.

Destino

Maradona podría haber sido Gauguin, o Nietzsche, o *Mano de piedra* Durán. Autores de un solo oficio, ellos u otros como ellos. Un solo oficio o destino de sostener la vida como una estética de la existencia. Nada de moral para vivir. Nada. La belleza de Maradona está en la desmesura, en el derrame de lo que no puede resistir. Sí importa la intensidad que gobierna sobre el propio cuerpo. Es la ética de una vida estética: hay dolor, hay exceso, hay aceleración, hay un sol radiante y hay risa. La risa es la posibilidad de afirmarse, de elegir dónde quedarse y cuándo partir. Maradona fue todo eso, un dios que baila sin permisos y sin obstáculos; lo mismo para Gauguin, para Nietzsche o para Durán: la vida es una estética de la existencia. O sea, ocupar un espacio, olvidarlo y seguir.

La otra muerte

Diego se enamoró de Cóppola, su manager. Cóppola también lo amó. Vivieron juntos en Cuba durante cuatro años. Diego, a Cóppola le decía «el viejo». Por los gestos, fue un amor inconmensurable, colosal. Estaban solos en la Habana, transitando un amor que estaba yéndose. Tuvieron una charla, una puerta abierta para decirse cosas. Para sostener el amor a como sea. Él, el viejo, se fue a dormir abatido. A la mañana temprano se levantó y vio en la pared del frente de la casa la letra de la canción de amor pintada por Maradona. Esa canción de amor era de ellos, sólo de ellos dos:

> Yo quiero estar allí
> Cuando te falten fuerzas
> Yo quiero estar allí
> Cuando esté abatido
> Y quiero que me busques
> Y cuentes conmigo
> Yo quiero que tú sepas
> Que yo soy tu amigo

El viejo se iba ese día. Se volvía a Buenos Aires. Diego se quedaba solo. No, solo no, peor, se quedaba sin él. En las paredes del cuarto escribió: «Viejo, tengo miedo de quedarme solo». El viejo, abatido, se fue. «Yo recorrí una vida con él», se dijo en silencio y volvió a Buenos Aires con culpa y con una carga inmensa de amor velado. Diego se murió por primera vez ahí, en ese pedazo de Cuba, cuando el viejo lo dejó solo. La otra muerte es ésta, la que vimos en estos días con tanto dolor.

Los hijos

¿Para qué insistir? Somos muchos los que no podemos tragar esta piedra tan fría. Esta piedra tan fría es la muerte del Diego, insoportable, indeseada. Estaba acá y ya no está. Hay un desconcierto grande, las banderas dicen Dios, las espaldas dicen Dios, en las paredes dicen Dios. Se murió Maradona, de improviso, lejos de Fiorito. No estaban ni Don Diego ni la Tota. Se murió Maradona, solo, en el dique Luján, en el corazón del delta. Lejos de Fiorito. Quería juntar a todos sus hijos en su cumpleaños de los 60, los de acá y los de afuera: ¿cuántos? Cerca de una docena. Le dijeron que no. Era su cumpleaños y le dijeron que no. Perdió todo el poder que tenía; gordo, búdico, balbuceante, murmura lo que quiere y nadie lo escucha. Dice que quiere que lo embalsamen, que lo pongan en un museo. Firmó un documento para eso. Quería estar rodeado de sus cosas, todo lo que él era: las imágenes, las camisetas, los trofeos. Todo. Pero no. Por primera vez en su vida, nadie le hacía caso. No podía seguir y se murió.

La *Iglesia maradoniana* dice que pasó de ser un dios de carne y hueso a ser un dios natural. Hay rituales propios, hay cien mil feligreses, hay navidad maradoniana y hay pascuas maradoniana. Se levantaron santuarios y seguirán levantándolos.

«Está flotando acá, entre nosotros. Puedo presentirlo, todavía no se fue»: eso dijo una vidente en la radio, que va a tardar en salir y que todavía está entre nosotros. Y agregó: «Tal vez no se vaya nunca».

MITO Y AFECTO PLEBEYO

«Maradoo», la imagen de un niño plebeyo

Oscar Ariel Cabezas,
académico, Pontificia Universidad Católica de Chile

> *El fútbol es la última representación sagrada de nuestra época.*
> Pier Paolo Pasolini

La magia de una cámara capta en Villa Fiorito, uno de los barrios más pobres y marginales de la provincia de Buenos Aires, a un niño que domina el balón de fútbol como si fuera un malabarista circense. Se trata de Diego Armando Maradona, un niño pobre que tiene las virtudes excepcionales de jugar muy bien a la pelota. Las imágenes de archivo en blanco y negro median la estética de la pobreza y el fetichismo del porvenir de la infancia dañada por las desigualdades sociales de la Argentina, que en la década de los sesenta el discurso de las ciencias sociales conceptualizaba como «sociedades del subdesarrollo». La teoría de la dependencia y el subdesarrollo producían efectos en el modo en que las imágenes contaban «las pequeñas historias» de la cotidianidad del *apartheid* social en el que se subsume la infancia de los que han nacido marcados por la miseria. El Diego creció en el barrio de los niños y niñas que usan los potreros[1] y los espacios de la exclusión social como centros de recreación de sus mundos de vida infantil.

---

1. Descampados que son utilizados por niños y jóvenes para practicar deporte. [N. del E.].

El Dieguito nació y jugó a la pelota en el espacio socialmente apartado y en la miseria de las clases trabajadoras. Hijo de padres humildes y del devenir de un estilo futbolístico que hizo del niño uno de los más grandes virtuosos de la historia del fútbol. Las imágenes del rostro del niño de diez años que llegaría a ser un ídolo planetarizado, odiado y amado por multitudes, componen la historia telemediática que inscribió el registro estético y melodramático del *pibe de oro* en el gran negocio publicitario de una de las más importantes industrias del espectáculo capitalista. En las imágenes de ese pequeño malabarista en una villa miseria se condensa el tiempo y el afecto de la infancia de cualquier niño o niña de las clases oprimidas de América Latina. El rostro del Dieguito expresa eso que la filosofía política moderna lleva más de dos siglos enunciando como el pueblo y que la astucia teórica de Didi-Huberman ha llamado «pueblos en lágrimas». El Dieguito, quinto hijo de ocho hermanitos, es en esas imágenes cualquier niño de cualquier villa miseria en las que mal habitan las clases subalternas. Las imágenes son conmovedoras por el paisaje que mezcla la pobreza y la destreza del pequeño Maradona.

El registro fílmico capta los movimientos del infante que con la camiseta 10 revela sus sueños: «Mi primer sueño es jugar en el Mundial y el segundo es salir campeón». Estas imágenes están acompañadas de la entrevista a sus dos hermanos, donde uno de ellos (el Turco) dice que nadie puede igualar a Diego porque su hermano «es un marciano». Las habilidades del «Pelusa» son de otro mundo, una especie de extranjería donada por su virtuosismo. La «técnica» que en el espacio del fútbol lo elevaría a la condición de una deidad plebeya es el singular que hace la pequeña diferencia de ese niño que tuvo un sueño. Pero el sueño realizado del niño que de niño adulto dirá que «la pelota no se mancha» fue también su pesadilla.

Las imágenes de los orígenes sensibles de la infancia de Maradona son las imágenes del subdesarrollo y de la miseria producida por las oligarquías nacionales y sus pactos con los capitales financieros de la década de los sesenta. Por eso, es imposible no evocar a la infancia dañada por las desigualdades sociales que Fernando Birri filmó, narrando las paradojas de las desigualdades de la modernización en *Tire Dié* (1960). En este filme, los infantes distraídos del peligro de morir arrollados corren tras el tren pidiendo que los pasajeros les tiren una moneda de diez pesos. La diferencia de los rostros infantiles de Birri y aquélla del registro de Archivo Difilm del pequeño Diez es muy poca. Cualquier rostro infantil expresa la temporalidad y el afecto de los cuerpos que en su fragilidad y potencia se hallan abiertos al porvenir o a la falta de éste. La imagen del cuerpo de la infancia azotada por las desigualdades sociales, la pobreza y la marginación fascina como documento fílmico porque nos aproxima a la materia de la que están hechos los afectos. El rostro de las niñas y niños pobres de América Latina es siempre un rostro abigarrado en sus afectos y en la familiaridad que tienen con las experiencias primeras de cualquiera. Se trata de la materialidad de la intemperie y de la paradoja de la soledad reunida en la comunidad de la infancia sin derecho a la comunidad.

La intemperie como morada es lo que Rilke pensó como la verdadera patria, la de los amigos de infancia. En esta idea-experiencial, la conmoción del rostro infantil del Pelusa nos aproxima a esa experiencia donde fracasa la estética del documental antropológico que narra la pobreza como fetiche comercial. La experiencia de la infancia es la de la libertad y la de la relación con lo abierto desplegado en el juego. Por eso, *en* el rostro del pibe de oro que se recrea, juega y se divierte con el balón que cae como por arte de magia sobre la habilidad de sus pies se halla la experiencia del afecto plebeyo del niño que sueña. El sueño del pequeño Diego Armando Maradona impide la maniquea disección esquizo del niño que sueña con jugar en el Mundial y salir campeón, y el adicto Maradona que se autodestruye y se aliena de la familia por los efectos de la cocaína. La infancia es una intensidad mediada por las artes del juego y de las fantasías e ilusiones desplegadas en el devenir de lo abierto. La intemperie de la experiencia infantil está siempre en la apuesta del riesgo, del peligro de no coincidir con la normalidad del orden. Maradona nunca dejó de ser el niño de Villa Fiorito, corroborando así a ese poeta portugués que dijo que somos el niño que se fue. La experiencia de la infancia plebeya, esto es lo que no logra entender el documental de Asif Kapadia, *Diego Maradona* (2019). Kapadia mueve su cámara según el registro moralizante de lo opuesto a la afectividad plebeya y abigarrada de la experiencia de vida del Pelusa. Lo opuesto a la afectividad conflictuada por la vida expuesta a las formas de explotación y *apartheid* social de las clases desposeídas es la desafección de la narrativa moralizante y binaria con la que Kapadia cuenta la historia del astro del fútbol.

El enfoque antropológico y sensacionalista cuya técnica fílmica es la del paradigma hollywoodense, como diría Raúl Ruiz, de la teoría del conflicto central, es el paradigma usado por Kapadia y, sobre todo, por la televisión, para narrar la historia épica y desgraciada del pibe de oro. Kapadia lleva la dialéctica del buen Diego (el niño del sueño) y el malo Maradona (el drogadicto autodestructivo) a una especie de trama teológica en la que la vida del Pelusa es luz y sombra. Esta dialéctica del bien y del mal, desplegada en el montaje del documental de Kapadia, condensa la vida reducida por la industria de las imágenes a una contradicción simple entre un sujeto que se escinde en bueno y malo. Esta dicotomía que construye la deidad de un sujeto que asciende para caer tras haber tocado el cielo retira y hace ininteligible lo heterogéneo de la afectividad plebeya. Las imágenes montadas por los artificios de la industria del espectáculo reducen la afectividad al melodrama; éste es el objetivo del documental.

La imagen binaria del ídolo caído que fue bueno y después malo se sostiene en el relato de un conflicto individual. La imagen binaria induce significaciones culturales y políticas, y de este modo permite la moralización burguesa y el olvido del niño que salió de los potreros de Villa Fiorito. En el filme de Kapadia no es casual que el comentario del entrenador físico de Maradona sea usado como la esencia del artificio del relato binario: «Con Diego iría hasta el fin del mundo, pero con Maradona no daría un paso». En el montaje de Kapadia, la respuesta de «Maradoo» casi no resuena: «Sin Maradona yo no habría salido de Fiorito», y, en efecto, Fernando Signorini tampoco habría sido el entrenador de ese niño plebeyo que fue y nunca dejó de ser el Diego.

Es la salida de Fiorito la que permite que Maradona se convierta en un personaje construido, por un lado, por la industria del espectáculo televisivo y, por otro, por la procedencia social a la que nunca renunció. Salió de Fiorito, pero sin nunca haberse ido del lugar donde aprendió a jugar al fútbol. El personaje, criatura plebeya y ficción mediática, reúne las afecciones y los afectos de la biografía que lo consagra como signo virtual. La virtualidad no es menos real que la de la materialidad de su cuerpo, de lo que le afectaba, del amor a su madre, a sus hermanos y a la humildad de un padre laburante; la imagen mediática que da forma al mito y lo produce en la complejidad de la opulencia del fútbol como negocio capitalista.

Lo que Guy Debord llamó «sociedad del espectáculo» no tiene mucha novedad en la historia de la mitología de los ídolos nacionales de la Argentina: Evita de Perón, Carlos Gardel, el Mono Gatica... son artificios de la teatralidad en la que la historia se virtualiza. Esto se intensifica y alcanza una excepcional planetarización a propósito de la construcción medial del fútbol, algo que ya habían descubierto Jorge Luis Borges y Bioy Casares. En el cuento que escribieron juntos y que lleva por título una frase de Berkeley, *Esse est percipi*, uno de los personajes sostiene: «Ya no hay *score* ni cuadros ni partidos. Los estadios son demoliciones que se caen a pedazos. Hoy todo pasa en la televisión y en la radio». La virtualidad que reproduce los efectos de ilusión no se resta a la «realidad», es decir, no es menos real que la materia con la que se componen las historias de personajes mediáticos. Sin embargo, hace posible que la abstracción sin cuerpo de la circulación del dinero, como equivalente del espectáculo cinematográfico, domine la violencia binaria, que suele olvidar el contexto existencial, la procedencia y el juego como esencia del devenir de la infancia.

A diferencia de Borges, a quien no le gustaba el fútbol, Pier Paolo Pasolini, el escritor plebeyo más importante del siglo xx, teoriza con nostalgia la caída de este juego en la completa subordinación al poder mediático del capital. Hay un elemento que Pasolini comprende de este deporte: el fútbol moviliza el inconsciente de las clases plebeyas, es decir, moviliza los antagonismos con los personajes que representan a las clases aburguesadas de la sociedad. En una cultura de masas, los hijos de la plebe son los idolatrados, porque las clases subalternas se agencian en el afecto de la procedencia plebeya que realiza la ilusión de la igualdad. El pibe proletario que se empareja en igualdad de condiciones con el hijo del patrón es un ídolo de lo popular redimido por la ilusión de erotismo que emana de la conjunción entre el juego y el capitalismo de multitudes. El límite de este elemento es que el capitalismo codicia imágenes redentoras sin la redención de las clases oprimidas. Pasolini piensa el fútbol como un lenguaje, podríamos decir, incluso, como «un juego de lenguaje» en el que la posibilidad de poetas es efecto del espíritu con el que se escribe la experiencia deportiva de los pueblos.

En el fútbol, nos dice Pasolini, «hay momentos que son exclusivamente poéticos: son los momentos del "gol". Cada gol es una invención, es siempre una subversión de código; cada gol tiene un carácter ineluctable, es fulguración, estupor, irreversibilidad. Como la misma palabra poética». Maradona es el poeta del fútbol latinoamericano. Sus goles, sus amagues antes y después de su caída en el infierno, subvirtieron los códigos dentro y fuera de los estadios. El pibe de oro que comenzó en Villa Fiorito hizo su leyenda en la Bombonera, en Barcelona y en la intensidad del Nápoles marcando goles y gambeteando como un Dios del deporte de multitudes. La película *Maradona*, de Emir Kusturica (2008) —más fiel a la complejidad subjetiva de Diego que la de Kapadia—, tiene la virtud de mostrar que el Diez era un poeta revolucionario que subvertía los códigos dentro y fuera de la cancha.

En la complejidad de una trama afectiva que no oculta la conflictiva relación que el astro del fútbol tenía con su entorno familiar, con su esposa (Claudia), con sus hijas e hijos y, sobre todo, con su madre, Kusturica narra el abigarramiento de una biografía que debe confrontar la trama del fútbol como un negocio de magnates y mafiosos capitalistas, pero también como el lugar plebeyo de los afectos producidos por el cuerpo de la madre. La madre, Doña Tota, es ese cuerpo que —como dijo en muchos lugares un filósofo como León Rozitchner— facilita la realización del sueño del Pelusa. El ensueño de Maradona, sin embargo, no es otro que el de las afecciones a las que el mundo del lenguaje, que abstractamente supera la pura ensoñación materna, permite todo tipo de malestares, de estados del alma cuya genealogía se remonta al modo en que los pueblos deben resistir y habitar las endémicas desigualdades sociales.

El día que Maradona le hizo el gol a los ingleses, el día que les escribió ese poema al que seguramente Pasolini, de la mano de Néstor Perlongher, habría considerado como la consumación de una «prosa plebeya», el Dios plebeyo del fútbol le gritaba a su madre: «Yo juego para vos, mamá». En esa frase del Pelusa hay tanta potencia de afecto como soledad reunida. La soledad de la experiencia genérica de los que, aun privados de comunidad, se reúnen en el poema de un gol. Ese poema contra los ingleses hará de Maradona el Cristo del fútbol. El cristo que siendo un patriota se encuentra más allá de lo vernáculo, precisamente porque el afecto es la experiencia que se realiza en el interior de los mundos de vida. En la experiencia colectiva de las clases más desposeídas, el Cristo del fútbol redimió las injusticas de la dictadura de Videla y las del imperialismo neoliberal de Margaret Thatcher desde el poema. Es ese gol con la mano, y luego el segundo con las artes del cuerpo que en movimiento se zafa de las contenciones y obstáculos, el que dará lugar a la consagración del mito plebeyo. La iglesia de «Maradoo» es la pasión desatada por la experiencia de la hinchada redimida. Kusturica se las ingenia para hacer coincidir la experiencia del desgarro ocasionado por la guerra en la ex Yugoslavia y el desgarro de las crueldades de la guerra cotidiana en las villas miseria, donde las clases subalternas deben hacerse de un cuerpo para soportar los avatares de la pobreza. Pero, sobre todo, se las ingenia para mostrar que en la «guerra» contra los ingleses el monstruo de Diego Armando «Maradoo» redimió la patria de las villas miseria restituyendo la dignidad a la nación argentina. Lo redimido es lo que Fernando «Pino» Solanas, en uno de sus más fieles documentales a las clases plebeyas, llamó «la dignidad de los nadies».

Solanas no llegó a realizar un documental sobre Maradoo, pero sin duda su obra fílmica captó con la sensibilidad de uno de los más grandes directores de cine, la imagen de la crueldad de nuestras sociedades y al mismo tiempo la de la resistencia de los nadie. La imagen del pibe de oro de la dignidad de un nadie que nunca dejó de ser un niño. No porque hubiese algo infantil en Maradoo, sino porque hizo del juego del fútbol un arte de la resistencia plebeya; la imagen de la soledad poblada por los espacios del *apartheid* social con la que crece el niño o la niña en sociedades atravesadas por la desigualdad y la falta de oportunidades de las clases subalternas.

En uno de sus poemas, Fernando Pessoa decía que se es el niño que se fue. Maradoo es el niño de las multitudes y también el niño que se nos fue. En la entrevista con Hugo Sánchez, en el documental *De Zurda* (2014), Maradona responde a un repertorio de palabras preparadas por el periodista. En la enunciación de una de las respuestas resuena el afecto del pibe: «La pelota es el juguete más lindo que tuve en toda mi vida... y nunca voy a tener otro juguete más lindo». Ese juguete, que es pasión de multitudes, es también la intensidad de lo que podemos llamar el afecto plebeyo. Este afecto politizó los estadios de fútbol tomados por la estructura mercantilizada de la sociedad del espectáculo.

Maradona:
Epopeya y lírica de lo cotidiano

Ángel Enrique Carretero Pasin,
profesor de Antropología simbólica.
Universidad de Santiago de Compostela

La personalidad de Diego Armando Maradona bien merece una hermenéutica simbólica. La ola de sentimiento colectivo despertada como consecuencia de su reciente fallecimiento así lo confirma. Con todo, lo que aquí se propondrá no es tanto un descifrado de la sinopsis de su itinerario biográfico o profesional como la utilización del eco desatado por su magnetismo como pretexto para poner al desnudo ciertas claves socioantropológicas aclaradoras de la mitificación de su figura. Y puesto que la llamada inicial reclama adentramos en el universo del mito, primeramente convendría desmarcarse de una lectura que quisiera dar cuenta de la naturaleza de éste en virtud de un proceso de mistificación cuyo propósito fuera sublimar unas contradicciones existentes en el terreno histórico. Grave error cometeríamos si tratásemos de equiparar a secas mitificación y mistificación. Sin duda Maradona ha sido y es un mito de culto. Habrá que ver entonces la particularidad de su porqué. Por mucho que el despliegue de la cultura occidental se haya obstinado en erigir a un modelo de racionalidad basado en el cálculo funcional en guía colectiva, modelando toda su actividad a este canon, su esfuerzo ha sido, si no baldío, sí harto complicado de consumar. En última instancia, sólo ha provocado el célebre dictamen weberiano definidor de un mundo *desmagificado.*

Empero, la supervivencia del mito, conservado en los adentros de una cultura contemporánea empapada por entero del influjo del racionalismo, tiene que ver con el hecho de que el ser humano posee, en efecto, una faceta racional, pero, a la par, otra, por la exigencia de ponerle una etiqueta, no-racional. Esta segunda le sirve para mantener una relación de mediación narrativa y fabulada con el mundo donde gobiernan los afectos, sentimientos y pasiones. El perfil del mito contemporáneo responde a unas demandas orientadas en esta dirección. Maradona es un mito, porque en él se personifican y encarrilan estas demandas. No es ningún principio de racionalidad lo que lo ha elevado a un estatuto divinizado, sino algo radicalmente distinto: una inclinación natural en todas las sociedades destilada de un fenómeno de proyección e identificación en un universo de irrealidad que mantiene una simbiosis con el mundo cotidiano.

Hay una idea clave aclaradora de esta urdimbre entre lo cotidiano y lo irreal que no ha pasado desapercibida a pensadores tan dispares como Henri Bergson, Émile Durkheim o Edgar Morin, por no entrar en representantes del terreno literario o cinematográfico: que los dioses no pueden vivir sin los seres humanos y, a la vez, que los seres humanos no pueden vivir sin los dioses; que ambos se retroalimentan. Algo análogo ocurre con el mito. Sin seres humanos no habría mitos, toda vez que los segundos sirven como caja de resonancia donde se proyectan los sentimientos y pasiones colectivas con sus contradicciones —las de la propia vida—, el vaivén de las dichas y desdichas que rigen el incierto destino de las acciones humanas. Son, pues, los seres humanos quienes crean los mitos. Son ellos, como la historia no ha dejado de evidenciar, quienes, en un efecto bipolar, encumbran a ciertos personajes y luego, en sentido inverso, los lapidan. Pero al mismo tiempo, sin mitos tampoco habría seres humanos, dado que aquéllos nutren de un género de ficción e irrealidad a una vida cotidiana de éstos de otra manera insoportable por desangelada. Por ese motivo, más de doscientos años de esfuerzo en aras de que la conciencia ilustrada permease la vida social han fracasado en el propósito por erradicar el mito, así como por disolver cualquier otra forma simbólica de expresividad distanciada del paradigma de razón dominante. Al fin y al cabo Maradona es un mito porque, con sus luces y sus sombras, ha conseguido condensar sobre su figura unas larvadas aspiraciones colectivas.

Pero esto, como es obvio, no está al alcance de cualquiera. Para haberse visto elevado a un rango mítico nuestro personaje ha debido llevar a cabo algo que se sale de lo común, algo extraordinario, algo que solivianta la grisácea medianía que envuelve la rutina cotidiana. Se ha consagrado mediante la realización de algún tipo de gesta épica excepcional e inaccesible para los demás, que será sellada en la memoria colectiva. El maná que rezuma de su persona se origina de haber hecho algo de sumo realce vedado al resto de los mortales, transportando a éstos, a la vez, a un orgiástico estado de frenesí donde, al calor emocional junto a otros/otras, la temporalidad cotidiana, ésa que conforma más profundamente que ninguna otra instancia —lo sabemos desde Martin Heidegger— la sustancia de la experiencia ordinaria, queda en un segundo plano o se volatiliza transitoriamente. Maradona consiguió extraer a los humanos del dictado del tiempo inercial, de este tiempo que mata lentamente, sin darse uno cuenta de ello. Como contraprestación, sus devotos le rinden culto de por vida. La inmersión colectiva en lo extraordinario, arrastrada por el hechizo de un personaje carismático, ha estado reiteradamente presente en el origen de las grandes religiones o incluso de parte de movimientos sociales, por no entrar en la contagiosa fascinación desencadenada por las olas de misticismo. Siempre es lo mismo: un anhelo de rebelión ante la tiranía del tiempo ordinario, vivido en una fusión con otros y otras.

Por otro lado, poco entenderíamos de la fascinación suscitada por la figura de Maradona si admitiésemos como axioma una filosofía de la historia de corte evolucionista y progresista. Por el contrario, habría que aventurarse en una interpretación de los fenómenos culturales más actuales teniendo presente un fondo inmemorial, traducido en unas constantes antropológicas, persistente y activo a lo largo de las sinuosidades del curso histórico. Ese trasfondo antropológico es reiteradamente reactualizado, reacomodado a nuevos escenarios histórico-culturales. Se trata de lo más viejo evidenciado en lo más nuevo. Maradona responde a estas demandas arquetípicas reactualizadas en el campo del deporte. Es, pues, un sedimento de pulsiones humanas ancestrales e irreconciliables entre sí las que eligieron a Maradona como su siervo, como antes eligieran a otros y en el futuro fijarán su elección en otras, para convertirlos en inconscientes arlequines de sus designios.

Con todo, esta arquetipicidad se amolda a un marco cultural concreto. Lo que Maradona simboliza se encuadra en unas determinadas coordenadas históricas. Maradona logró conectar con una potente sinergia colectiva debido a que, a los ojos de sus fieles, respondió a los atributos de un héroe. Varios factores, enmarcados en la trama de significaciones de la cultura popular, han entrado en juego en esta atribución. Una cultura que discurrió por cauces alternativos a los de la cultura elaborada por las élites, que consiguió mantenerse al margen del dictado de la cultura oficial orquestada desde el Estado hasta, primero, la extensión de la obligatoriedad de la enseñanza y, más tarde, la proliferación de los medios de comunicación de masas. Maradona era especialmente endiosado por parte de los integrantes de unas generaciones donde la cultura popular todavía no había sido fagocitada por entero por la cultura manufacturada en los centros de poder político y comercial. Para la cultura oficial, Maradona era considerado y utilizado no más que con fines, como mucho, de propaganda política, como antes otras estrellas deportivas de renombre lo fueron. Sin embargo, en el imaginario de la cultura popular, Maradona era visto como un hijo salido de las entrañas del pueblo. El escalafón social del cual procedía le otorgaba un plus de autoridad moral. Su aureola de autenticidad, pese a los claroscuros de su biografía, emana de lo mismo. Frente a las tentativas de ilustración provenientes de las élites de un color o de otro, la cultura popular ha sido siempre extremadamente escéptica. La única ambición procedente de la cultura oficial donde la cultura popular sí se reconocía es en la aspiración a vivir como «reyes», no en la adhesión a las hipotéticas virtudes éticas cacareadas desde lo alto. El vertiginoso ascenso social de Maradona a través del fútbol, aparente medio no institucionalizado de promoción en la escala social, entraba en perfecta sintonía con un sueño de movilidad social sin dejar la singularidad en el camino de una amplia masa de población, aun al margen o tozudamente desobediente a propósito de las vías institucionalmente diseñadas para el incremento de riqueza, bienestar y comodidad social. En un universo futbolístico todavía desprovisto de sólidos programas educativos y socializadores en este deporte, carente de una clara planificación en los pasos del itinerario profesional, con déficits a nivel tanto organizativo como del metodismo en la preparación requerida, entre otros condicionantes, el éxito de Maradona se ve redoblado por la percepción de haberse elevado a los máximos altares del fútbol por haber conseguido realizar proezas inaccesibles para los demás mortales en virtud de un don natural regalado por la fortuna: la posesión de talento. Esto refuerza en el imaginario colectivo una justicia predeliberativa de sus logros. Éstos obedecen a él mismo, a sus condiciones talentosas, no a los trampeados caminos trazados desde las élites, lo que lo hace que devenga héroe popular. Al margen de las vicisitudes en el periplo vital del personaje, lo cierto es que su puesta en escena ha sido siempre la de un adolescente sempiterno e inadaptado o la de un rebelde sin causa, constantemente peleado con uno u otro representante de los aparatos institucionales: políticos, jueces, presidentes de corporaciones, directores de medios de comunicación, etc. De este estado de crónico desacuerdo con el mundo institucional se vio fortalecida su figura, al encajar con el imaginario de la pelea, ancestral y de antemano perdida, librada por las capas populares, por la *plebs*, con las instituciones a lo largo de la historia.

En este aspecto, en el concierto semántico de sus fieles, ciertamente importa poco o nada la verdad o justicia encerrada en la ligereza de las apreciaciones vertidas por Maradona, puesto que el astro, diga lo que diga, de partida llevará la razón. Lo auténticamente significativo es el gesto de irreverencia y enfrentamiento sin tapujos frente a los resortes del mundo institucional, equiparable al de un Robin Hood moderno. A la postre, resulta sumamente ridículo dejarse enredar en un enjuiciamiento moral del protagonista de la dramatización. El debate en torno al ensalzamiento o anatemización de Maradona dejémosla, si cabe, para sus devotos, no para los moralistas, puesto que, además, el fútbol más popular, aun albergando una metafísica, no está nada claro que haya albergado nunca una ética. ¿Haciendo justicia a la vida misma? Vida acaso tan profundamente no-racional como el fútbol refleja, pese a que buena parte del parloteo adosado al trabajo de sus analistas consista en buscarle *a posteriori* y a cualquier precio una lógica. En eso quizás consiste la tragedia encerrada en la vida, en el fútbol y en Maradona. Quedémonos con lo mejor de esta iconografía: el lirismo que, a través de los procelosos avatares seguidos por este héroe popular, destila una hermenéutica poética del fútbol.

Los hilos de lo extraordinario

Giuliana Mezza, *politóloga y docente de la UBA*

Una sensación de ahuecamiento, de aplomo, de gravedad amplificada. Como si lo que mantiene erguido el cuerpo se desinflara, sufriera una pérdida de volumen, como si se distendieran los hilos que lo inclinan hacia vaya a saber qué en las alturas.

Es que de vez en cuando lo cotidiano se sacude haciéndonos sentir que los horarios, los cálculos, las acciones que ejecutamos a diario de forma mecánica, empequeñecen de pronto hasta escurrirse entre los dedos.

Lo extraordinario es aquello que tiene el poder de quebrar el ritmo habitual de la vida. Su irrupción agrieta una experiencia percibida como natural e inevitable, habilitando así —con o sin intención—, una perspectiva diferente. Lo que hace temblar nuestras estructuras es entonces este develamiento; la realidad que conocemos no es la única posible.

Lo extraordinario es, consecuentemente, emancipador en tanto nos libera de la esclavitud de lo irremediable; nos exime de la condena de aceptar amargamente lo que nos viene dado. Y en este mundo, desgarrado por la injusticia, la desigualdad y la miseria, la felicidad tiene una potencia revolucionaria.

Diego, ese *bailarín con botines*, el *barrilete cósmico* que *regó de gloria este suelo*, no solamente era de otro planeta por sus gambetas y definiciones. *El más humano de todos los dioses*[1]

---

1. Las expresiones corresponden al presidente de Francia Emmanuel Macron, al periodista y relator Víctor Hugo Morales, al cantante de cuar-

alcanzó entre nosotros esa jerarquía por haber conquistado el cielo y tener la determinación de abrirnos las puertas para que fuéramos con él.

Porque la felicidad que nos ofreció a manos llenas lejos está de agotarse en la excepcionalidad de su talento futbolístico o en la inmensa satisfacción que supusieron los títulos que nos ofrendó. Diego nos invitó a una fiesta que deseó eterna,[2] y que conjugaba con inédita intensidad su pasión por el fútbol y el amor del pueblo.

En una clave cercana a lo milagroso, con su entrega danzante a la pelota y a los colores de su camiseta, logró sellar a fuego una comunión con quienes tuvieron el privilegio de toparse con semejante espectáculo. Su destino se anudó con nuestras penas y nuestras miserias en un camino de redención.

Con la irreverencia de quien se sabe dueño de un valor que no tiene precio, se abrió paso sin pedir permiso; no hubo título, jerarquía o condición que lo obligara a mirar a nadie desde abajo. La potencia arrolladora de lo genuino logró que sus palabras derribaran cualquier atisbo de hipocresía, impostura o cinismo que se desplegara a su alrededor.

Diego fue un espejo descarnado, cruel, real y maravilloso en el que descubrirnos sin eufemismos.

Haciendo de su felicidad la nuestra, convirtió esa grieta de lo extraordinario en un profundo canal que enhebra millones de

---

teto Rodrigo Bueno y al escritor uruguayo Eduardo Galeano, respectivamente.
2. Véase el discurso pronunciado por Diego Maradona en el partido homenaje que se llevó adelante con motivo de su despedida: https://www.youtube.com/watch?v=Zng76oWnv0g&ab_channel=JuanPayllalef

historias, eleva incontables vidas, sana el desconsuelo de los expulsados de todos los banquetes de este mundo roto.

Fuimos los invitados de honor de la más hermosa de todas las fiestas: la suya. Esa invitación nos permitió saborear victorias inolvidables, abrazarnos a la dignidad de quien se entrega por entero, aferrarnos a la fortaleza de quien se cae y vuelve a levantarse, experimentar un amor inquebrantable y genuino, sentirnos orgullosos de ser quienes somos.

Si nuestros cuerpos están sujetos al irremediable devenir de lo que nace y muere, son esos hilos invisibles, blindados por la magia de lo extraordinario, aquello que está destinado a perdurar, lo que nos eleva y trasciende.

Después de todo, es lo que nos conmueve lo que logra dejar una huella, habitarnos de manera indefinida. Por permitirnos experimentar lo infinito, por regar celebración, pueblo y esperanza en tantos rincones del mundo, no nos queda más que un sentido agradecimiento.

El plus de Maradona[1]

Javier Franzé, *profesor de Teoría política,*
Universidad Complutense de Madrid

La muerte de Diego Maradona generó polémica en España. Se criticaron las muestras de fervor popular hacia su figura, especialmente intensas en Argentina y en Nápoles. En particular, porque para algunos implicarían una suerte de complicidad con aspectos controvertidos de su vida privada (si es que la tuvo). Y, en general, porque muchos juzgaron «excesiva» tal muestra de afecto, la que interpretan como síntoma de carencias (de «cultura», de «madurez» cívica o de «éxito»).

La identificación popular con Maradona en Argentina se puede fechar con bastante precisión. La admiración por su arte surge incluso antes de su debut en primera división, lo cual ocurrió a días de cumplir 16 años (octubre de 1976), y en la Selección Nacional, apenas unos meses más tarde (febrero de 1977). Pero Maradona no sería consagrado definitivamente hasta el Mundial de 1986; más precisamente, en el partido contra Inglaterra, donde mostró las dos caras del potrero argentino: picardía e imaginación.

La picardía es una regla no escrita del potrero, aceptada por todos, continuación del engaño como corazón del juego: nadie se pelearía con el adversario ni exteriorizaría su queja por sufrir —por ejemplo— un gol con la mano, sino que el honor del

---

1. Este artículo se publicó originalmente en *CTXT*, el 27 de noviembre de 2020. La presente es una versión con algunos añadidos.

pícaro y del equipo es devolver el envite —si es posible, por duplicado—. Pelearse sería «llorar» y se llora en la iglesia, reza el código del potrero, nunca en la cancha. Por otra parte, el duelo con los ingleses no se vincula *sólo* con la guerra de Malvinas, una reducción habitual. Proviene también de la fundación misma del fútbol en Argentina, donde muchos equipos tienen nombre inglés. Ese origen histórico disparó el orgullo de desarrollar un estilo propio, antiguamente llamado «la nuestra» o «de toque», basado en la destreza técnica a la que obligaba jugar en potreros, terrenos baldíos irregulares donde era muy difícil controlar la pelota (obsérvese cómo va saltando el balón en el segundo gol a los ingleses...). Pero, sobre todo, aquellos inicios generaron el reto de superar —más que vencer— con ese estilo propio a los maestros, a los que habían inventado el juego, menos hábiles y más potentes. Por eso el 14 de mayo es el día del futbolista en Argentina, pues se conmemora la primera vez que se derrotó a Inglaterra (1953), lo que se consiguió además con un tanto de gran factura técnica: el «gol imposible» —como tantos de Maradona— de Ernesto Grillo, un jugador muy representativo de «la nuestra».

La identificación con Maradona ni siquiera proviene completamente de la obtención, merced a su excepcional actuación, del Mundial en México. El plus que vuelve inigualable su figura tiene al menos tres hitos.

Uno es el partido de octavos contra Brasil en el Mundial del 90, en el que jugó porque se infiltró aprovechando un descuido del médico para, literalmente, clavarse la inyección en su tobillo inflamado y endurecido por una patada en un partido previo. Brasil bailó a Argentina, que ganó de milagro gracias a una jugada típicamente maradoniana que acabó en gol de Caniggia, sobre el final del partido. El segundo hito fue insultar a todo el estadio que, a su vez, abucheaba el himno argentino antes de la final contra Alemania en 1990. Y el tercero, llorar como un niño la derrota en esa final, siendo ya campeón del mundo y crack mundial indiscutido. Cabría agregar un hito más: cuando volvió a la Selección tras ser sancionado por *doping* en Italia y fue decisivo para que el equipo venciera en el repechaje a Australia y se clasificara al Mundial 94.

Maradona reunió lo que muy pocos jugadores en la historia del fútbol: talento y carácter. Los jugadores técnicos suelen ser «laguneros» (intermitentes, en el idioma futbolero), y temperamento suelen tener los carentes de talento. Pero el plus, insistimos, proviene de otro lugar: su compromiso inclaudicable con la camiseta, con el equipo, con el juego y con sus compañeros, propios y de la profesión. Maradona enseñó a patear tiros libres a Messi siendo técnico de la Selección en 2008... como lo había hecho un año antes con los jugadores de Deportivo Riestra, un club de barrio de tercera división, acudiendo él mismo al entrenamiento. Maradona fue a la casa de un compañero retirado para evitar que se suicidara, y animaba en las tribunas al equipo nacional de tenis, rugby o hockey como un hincha más. Todos sus compañeros subrayan que nunca tuvo un gesto de superioridad hacia ellos, ni en la cancha ni en el vestuario, sino que los alentaba como uno más. Maradona conocía íntimamente su superioridad, cómo no, pero la usó no para diferenciarse, sino para agrandar a sus compañeros: antes de la final del Mundial del 86 le dijo al zaguero José Luis Brown: «¡*Tata*, jugá bien, eh! Mirá que si vos jugás bien, yo juego bien». Era perfectamente al revés, claro, pero la generosidad, el sentido colectivo y el compromiso sanguíneo con el equipo que tenía Maradona lo habilitaba a la mentira piadosa, al florentino mal menor en pos del bien mayor: lo común, la gloria comunitaria. Aquella tarde, Brown, un defensor que destacaba más por su sentido táctico que por sus cualidades técnicas y que al inicio del Mundial no era titular, abrió el marcador tras empujar a Maradona para que no lo no estorbara y le permitiera cabecear a la red. Fue su único gol en partido oficial para la Selección.

Ese compromiso con el juego y el equipo se extendió al país. No deja de ser curioso que, en una nación como Argentina, donde la división entre lo popular y lo elitista es una marca histórica, Maradona sea un prócer del panteón oficioso, junto a Gardel y a Evita. No es su admiración por el Che Guevara, Castro, Chávez o los Kirchner lo que despierta la adoración generalizada, desde luego, sino su amor a la camiseta, al país, así como la pasión y la visceralidad con las que lo profesó, contra todo y contra todos. Por eso Inglaterra era el enemigo perfecto: reunía fútbol y política, dos pasiones argentinísimas.

Capitán y hermano, eso fue Maradona. Ahí radica todo el secreto, y es lo que lo vuelve único para tanta gente. ¿Cómo no va a identificarse un pueblo futbolero como el argentino (y muchos otros en el planeta), que sabe lo que es levantarse a las siete de la mañana un sábado o un domingo para ir a jugar bajo la lluvia con los amigos a canchas destartaladas? Maradona siguió haciendo en la cúspide lo que todos hacían a ras del suelo. Mantuvo el espíritu *amateur*, de amor desinteresado por el juego y por jugar, estando ya consagrado como el mejor del mundo. Quiso al fútbol y lo separó cuidadosamente de sus propios errores personales («la pelota no se mancha»). Maradona no representó el poder viril avasallante, sino la fortaleza de espíritu que emerge inquebrantable de la debilidad, tan visible en él y que a menudo no ocultó.

En el único lugar donde la escondió fue en su tierra sagrada: los 100 por 70, porque ahí no estaba en juego él, sino el conjunto. Aquí aparece otra particularidad de Maradona: para ser fuerte en la cancha no necesitó agredir ni humillar a los contrarios, aun teniendo el arma más afilada para hacerlo, su talento extraordinario. También con ellos fue leal; pícaro, pero leal. No respondió con quejas ni agresiones a las a menudo violentas faltas que sufría (es el jugador con más faltas recibidas en la historia de los Mundiales, en una época muy permisiva con las infracciones: da escalofríos ver el partido contra Corea del Sur en el 86).

Aun así, se podrá decir que estas cualidades que mostró a través del fútbol no exoneran todo lo demás. Desde luego que no. Tampoco la literatura, ni la pintura, ni la música, ni los toros, ni la política, ni el dinero ni nada en este mundo, si se lo quiere mirar de frente, éticamente. Pero esa mirada dispensatoria está presupuesta más en el que juzga que en los que celebran. Nadie en Argentina, ni en ningún otro lado, hace una apología sin matizaciones de Maradona. De hecho, el debate sobre esta problemática ha tomado estado público, y los que lo quisieron bien suelen separar a «Diego» de «Maradona». Además, hay muchas maneras de identificarse con los diversos Maradonas que se pueden construir, así como también muchas formas de rechazarlo. La condena sin paliativos recuerda a veces la reprobación ilustrada del consumo de televisión propia de los años 1960 y 70.

Se dirá que hay rasgos de su vida que impiden toda celebración. Podría ser, pero ¿qué haríamos entonces con figuras como Louis-Ferdinand Céline, Pablo Picasso, Charles Chaplin, Martin

Heidegger, Elvis Presley, Michel Foucault y un larguísimo etcétera? ¿No podríamos elogiar su arte porque sus vidas privadas o públicas no han sido inmaculadas? ¿Qué tipo de comprensión de lo humano presupone una evaluación así? ¿Estamos acaso buscando santos? Pero ¿no era que no necesitábamos identificarnos con nada, que la pasión por otro resultaba excesiva, irracional, adolescente? Porque, además ¿quién nos asegura que el que juzga no tiene él mismo sus rasgos oscuros? ¿Por el solo hecho de ejercer esa crítica? ¿O se escuda en que su vida no ha sido retransmitida desde que es prácticamente un niño? Demasiada ventaja para tanta exigencia. Demasiado paternalismo para querer formar individuos racionales y autónomos. Dejemos la pedagogía para, en todo caso, los menores de edad. Confiemos democráticamente en la capacidad de juicio de los adultos. Debatamos todo con todos, pero en igualdad de condiciones, sin superioridad moral, ni prejuicios coloniales, ni de clase.

Maradona cumplió el deseo de muchísimos: jugar a la pelota como el mejor de todos. Tal hazaña involuntaria convierte en héroe al que la realiza. Pero a su pesar. No hay quien sortee indemne tal sacrificio. Porque fuimos todos nosotros, no sólo él, quienes sacrificamos a Diego para gozar de Maradona, como ayer sacrificamos a Jimmy para tener a Hendrix, a Miles para tener a Davis, a Edvard para alcanzar a Munch. Hagamos la cuenta completa. Dejemos al *coaching* eso de cargar los problemas sociales exclusivamente a los individuos.

Pasará el tiempo y la pregunta volverá una y otra vez, llena de belleza y misterio: por qué lo quisimos tanto. Hay algo obvio: nos dio mucho. Pero eso no basta. Hay algo más. Creo que la clave no es lo que nos dio, sino lo que no nos quitó: nunca traicionó a quienes lo admiramos tanto. Bajo una presión insoportable y habiendo regalado tanto, podría habérselo permitido: sabía que lo seguiríamos queriendo. Pero no. Eligió cuidar ese amor y su legado incluso a costa de sí mismo. Lealtad es la palabra. Una palabra tan argentina, tan napolitana. Para bien... y para mal.

La identificación con Maradona no es entonces síntoma de una carencia colectiva, sino de la abundancia de admiración, respeto y agradecimiento por el máximo artista y capitán de un juego inigualable, en el que jugar ya es ganar. Celebrar el juego es también celebrar la fiesta colectiva más allá del resultado en la sociedad de la contrición al trabajo sufriente, en su mayoría humillante y hueco, cuando no destructor de la subjetividad autónoma y creativa, y que se busca justificar en nombre del resultado. Es también celebrar, en una época de abandono de los «perdedores» a su suerte, aquellas cosas felices que forjaron un nosotros cooperante y protector. Quizá el problema sea creer que no se necesita un nosotros.

El problema no es no comprender las identificaciones de otros, sino condenarlas como si entendiéramos todo. Los que juzgan a Maradona y a sus admiradores negativamente no están libres de la misma lógica de identificación, ni de las contradicciones que ésta entraña, ni de las presuntas falencias que la dispararían. Sólo que su objeto de amor es otro. Eso es lo que los hace humanos, demasiado humanos.

Teología política de D10S

Juan Domingo Sánchez Estop

No hay mayor escándalo para una conciencia ilustrada que el trato dispensado por millones de personas en el mundo a Diego Armando Maradona. Tanto en vida como después de su muerte, Maradona fue algo más que un gran futbolista, mucho más. Para algunos fue incluso un Dios. Una Iglesia Maradoniana le rinde formalmente culto. También fue un icono político en el que se identificaba una nación, Argentina, pero también el conjunto del espacio cultural iberoamericano extendido a España e Italia. Más allá de esto, fue Maradona un símbolo de la izquierda mundial, asociado a figuras como Fidel o Chávez, pero también a Néstor Kirchner y a Cristina. Un símbolo de una izquierda abiertamente populista en la cual el hecho político fundamental es la identificación inmediata del pueblo con el líder, sea éste un viejo guerrillero, un político valiente o un as del balompié. Poco importa el contenido de la proeza, pues la política, como enseña Carl Schmitt, no tiene nunca un terreno específico, sino que circula entre distintas esferas de la vida social: todo depende de la intensidad en que en cada una de ellas se expresa el antagonismo. Así es política una cuestión teológica como lo fue en Bizancio la del culto a los iconos, pero también una cuestión económica, como la del libre comercio o el proteccionismo o una rivalidad deportiva, pues ha habido ya varias guerras del fútbol y es fama que en Constantinopla los juegos del hipódromo polarizaron a la multitud entre varios partidos, cada uno con su color. Algo parecido dice Althusser, para quien la contradicción determinante, el antagonismo de clase se desplaza de una instancia a otra. Maradona es en tal sentido una figura intensamente política, no sólo por su proximidad con políticos reconocidos como tales, ni por su toma de posición sobre cuestiones políticas, sino como futbolista e incluso como individuo. Existe en todo populismo —tal vez en toda política— una dimensión teológico-política ineludible. Intentemos comprender qué significa esto. Para ello, nos centraremos en cuatro momentos de la constitución del fenómeno Maradona que forman parte de un imaginario religioso estructurado alrededor de un ciclo de la economía del misterio.

Apoteosis

Del mismo modo que nada es en sí político, sino que la política se define en términos de intensidad del conflicto, nada es tampoco divino en sí mismo. Lo divino se define como tal a partir de lo humano. Sabemos que deseamos, pero no por qué lo hacemos. Por esta razón, nos dice Spinoza, solemos creer que deseamos las cosas libremente y que las escogemos porque son «buenas». Existe en el universo un orden que dispone las cosas de modo que éstas nos sirvan: los frutos para comer, el agua para beber, los dientes para masticar, etc. Como quiera que ignoramos, junto a las causas de nuestro deseo, las de las distintas cosas que encontramos en el universo, atribuimos el origen de éstas a unos rectores del universo que las disponen para nuestra utilidad. Estos rectores se rigen por designios que nos superan, hasta el punto de que no siempre disponen las cosas a nuestro favor, sino que en muchos casos hacen que éstas nos ocasionen desgracias y calamidades. No sólo existe el cielo azul y el aire suave de la primavera, también los huracanes y los terremotos, y las epidemias. De ahí que haya que rendir culto a los rectores del universo para que nos proporcionen lo útil y nos libren de lo adverso. Surge así la religión.

Pero ¿quiénes son estos rectores imaginarios del universo? Obviamente seres humanos extraordinarios, pero seres humanos al fin, pues obran conforme a fines y obedecen a sus afectos, nos aman o nos aborrecen, por lo cual les rendimos culto a fin de torcer tales afectos en sentido que nos favorezca. Los dioses ordenan así el universo a nuestro favor, pero también obran milagros, desde la resurrección de los muertos y la curación de los enfermos a la recuperación por parte de un país malherido por años de dictadura y por una reciente derrota ante una potencia militar europea, de una nueva dignidad, a través de una proeza deportiva. Maradona era un gran jugador, pero su apoteosis —su conversión en Dios— tiene lugar en el Mundial de fútbol de 1986, cuando mediante dos goles decisivos denominados «el gol del siglo» y «la mano de Dios», Maradona hace vencer a Argentina frente a Inglaterra. La humillación histórica de la derrota en la guerra de las Malvinas, cuatro años antes, queda en cierto modo borrada por un héroe que se dice guiado por la mano de Dios. Un héroe humano divinizado por su milagro. Basándose en la inicial de su nombre y el número de su camiseta se creó un emblema: D10S, leído «Dios».

Un hombre-Dios

Maradona no sólo era el símbolo de una milagrosa revancha

nacional, sino de las aspiraciones de las categorías sociales más desfavorecidas, del «pueblo» argentino y latinoamericano, y posteriormente, del pueblo de Nápoles, uno de los últimos pueblos con cultura propia que quedan en Europa. Y es que los dioses no nacen todos de la misma forma de humanidad: Maradona procede del pueblo y en eso se cumple perfectamente lo que afirma el filósofo del siglo VI a. C., Jenófanes de Colofón, sobre las teologías populares, que se deben distinguir de las filosóficas. Para Jenófanes, cuyas palabras nos llegan a través de Clemente de Alejandría en sus *Stromata*, los dioses son la proyección de una identidad y de un deseo: «Los mortales se imaginan que los dioses han nacido y que tienen vestidos, voz y figura humana como ellos», por consiguiente las diferencias humanas determinan las diferencias entre los dioses: «Los etíopes dicen que sus dioses son chatos y negros y los tracios que tienen los ojos azules y el pelo rubio». Dando un paso más allá, y adentrándose en el absurdo, afirma el filósofo: «Si los bueyes, los caballos o los leones tuvieran manos y fueran capaces de pintar con ellas y de hacer figuras como los hombres, los caballos dibujarían las imágenes de los dioses semejantes a las de los caballos y los bueyes semejantes a las de los bueyes, y harían sus cuerpos tal como cada uno tiene el suyo». Spinoza va algo más allá en esta mostración de los mecanismos de producción imaginaria de los dioses y también en el humor absurdo: «El triángulo, si pudiera hablar, diría que Dios es eminentemente triangular, y el círculo que la naturaleza divina es eminentemente circular; y así cada cual atribuiría a Dios sus atributos propios y haría a Dios semejante a sí mismo, pareciéndole todo lo demás algo deforme» (Spinoza, carta LVI).

Pasión y muerte de un Dios-hombre

Maradona representa así al pueblo y constituye su apoteosis en una divinidad eminentemente popular. Es un hombre mujeriego y machista, es también escasamente refinado en sus gustos y su cultura, no muy vasta; es autodidacta. Es en toda su vida excesivo. Hay pueblos que se han visto representados por intelectuales militantes como Lenin o Fidel Castro, otros lo han sido por gente del pueblo como Evita o Maradona. Maradona es, además de un hombre-Dios, un Dios-hombre. Tiene de lo humano todos los defectos, todas las pasiones, algunas de sus virtudes y un enorme talento en el espectáculo que más fascina a muchos pueblos: el fútbol. Un espectáculo que conecta a los niños pobres con las élites mundiales y, en sí mismo, es un vehículo de rapidísimo ascenso social. También fue Maradona, como Dios hecho hombre, víctima de un cierto vértigo propio de su ascenso fulgurante, de una frustración ante la realidad del triunfo que le hizo buscar una imposible completud en las drogas. Como hay una pasión de Cristo y hubo una pasión de Evita con su enfermedad, hay una pasión de Maradona, marcada por sus problemas judiciales relacionados con las mujeres y las drogas, con las múltiples dolencias derivadas de su adicción. El pueblo vio en Maradona un Dios que, como él mismo, sufre y es capaz de morir, pero también de resucitar a través de una esperanza de salvación.

Resurrección

Nada resume mejor el imaginario político del populismo, de un movimiento popular de masas identificado a los líderes que la teología política popular vinculada al nombre de Maradona. Si Ernesto Laclau afirma que el populismo es el otro nombre de la política, podemos pensar que no hay populismo libre de teología política. Una teología política que es sin duda popular, pero por ello mismo no puede ser ni revolucionaria ni eficazmente subversiva. El culto a Maradona puede unir a las clases populares, darles identidad y calor, pero no puede darles una estrategia. La teología es, como enseña Walter Benjamin, indispensable al materialismo histórico, pues sólo con ella se forjan poderosos afectos populares, pero sin el materialismo la teología política es ciega e incapaz de darse una perspectiva estratégica.

No eres tú (Maradona), soy yo (la política)

José Enrique Ema López,
profesor en la Universidad de Castilla-La Mancha

Hay en algunas de las críticas a la figura de Maradona principios éticos y políticos que me parecen irrenunciables. Pienso, por ejemplo, en cómo desde algunas posiciones feministas se ha señalado que la exaltación de figuras públicas podría llevar aparejada una cierta invisibilización normalizadora de la violencia machista. En estas críticas observamos, en primer lugar, cómo un elemento particular, el de su comportamiento machista, se toma como criterio de adhesión o rechazo a la figura mítica en su conjunto (incluso en el caso de que los motivos del fervor popular no estén directamente relacionados con sus comportamientos criticables, machistas en este caso). Hemos visto también, en segundo, cómo la crítica a la adhesión al mito se ve acompañada con frecuencia de la descalificación de su exceso pasional, esa mancha patológica que suspendería nuestra capacidad de libre raciocinio individual hasta llevarnos a una adhesión colectiva ciega y deshumanizadora (en este caso, a una persona que racionalmente no merecería esa devoción popular).

Estos dos elementos críticos están también presentes en algunas apelaciones a un cierto tipo de subjetividad a la que se recurre con frecuencia para descalificar propuestas de transformación profunda del orden establecido como irracionales, inviables y prototalitarias. Así, la consideración de un elemento particular como síntoma de una condición general inmoral o patológica, y la descalificación de las pasiones presentes en las identificaciones colectivas, llevan finalmente a sostener: a) un tipo de política que no tendría ya más horizonte que el de la gestión técnica y «racional» de los posibles ya dados en la situación dominante, y b) una suerte de idealización individualista del sujeto separado de cualquier cuerpo colectivo (y pulsional) mediante su razón. De este modo se reproduce una concepción estrechísima de racionalidad como lo absolutamente extranjero al afecto y a cualquier posibilidad de pensamiento y problematización de sí misma.

Éste es precisamente el punto que discutimos en este texto: una cierta concepción contemporánea cínica y descreída sobre la política y las identificaciones colectivas que se utiliza como coartada para justificar el orden establecido como el único horizonte posible. Frente a ella vamos a señalar que hay en el modo de funcionamiento de los mitos populares elementos necesarios para dar cuenta de una subjetividad capaz de movilizar las transformaciones políticas que necesitamos. Veamos.

La función social y política del mito ha sido descrita con precisión por Ernesto Laclau en su imprescindible *Nuevas reflexiones sobre la revolución de nuestro tiempo*.[1] Allí, subraya cómo éste puede funcionar como principio de ordenamiento social, como «superficie de inscripción» que nos permite leer y compartir un mismo mundo de aspiraciones, certidumbres y motivaciones. Lejos de toda consideración del mito como un vestigio de un pasado primitivo o irracional, cualquier orden

---

1. Laclau, E., *Nuevas reflexiones sobre la revolución de nuestro tiempo*, Nueva Visión, Buenos Aires, 1993.

social necesita de ellos, especialmente aquellos que, como el actual, suponen una mayor indeterminación, incertidumbre y dislocación de sus formas de vida. Los mitos, por tanto, serían constitutivos de todo orden social y llevarían consigo las huellas de las relaciones de poder que conforman las condiciones de posibilidad y los sentidos comunes que procuran coherencia y cohesión social en una época.

Laclau señala además otras dos características importantes del mito. La primera, su condición parcial, contradictoria e incompleta. No hay una secuencia lógica, histórica, divina... que predetermine los contenidos del mito para desempeñar este rol social constitutivo. La emergencia del mito está situada y condicionada en una determinada situación histórica y, por tanto, toma elementos disponibles en un escenario social específico, pero no hay una relación de continuidad o causalidad necesaria entre estos elementos y la función mítica que va a desempeñar. De este modo, un rasgo específico de la vida de un sujeto puede movilizar ese papel social unificador (por ejemplo, como confirmación de la viabilidad del anhelo de alcanzar reconocimiento social sin renunciar a tus orígenes populares y humildes), eclipsando otros elementos de su biografía que podrían entrar en conflicto con los valores que este primer elemento portaría.

Y aquí podemos observar, en segundo lugar, su carácter hegemónico y afectivo. Tal y como Laclau ha desarrollado a lo largo de su obra, en un proceso hegemónico una determinada articulación particular de elementos (principios, imaginarios, condiciones materiales...) terminan por ocupar el lugar de lo universal, de lo naturalizado como lo obvio, posible y lo deseable para todos. Pensemos, por ejemplo, en cómo una posición (particular) masculina, blanca, heterosexual, occidental, etc. ha encarnado el lugar de lo humano *per se* (universal). Este movimiento involucra un «extra» afectivo que reviste esa particularidad de un valor universal que puede ser comprendido y justificado racionalmente a partir de las propias condiciones hegemónicas instituidas. Porque, efectivamente, no hay racionalidad que no esté situada en unas condiciones de posibilidad que son también afectivamente configuradas. Esta «investidura libidinal»[2] que atraviesa todo proceso político no es una excepción o un mal funcionamiento, sino el mismo proceso de constitución del orden social en el que lo afectivo y lo racional están profundamente imbricados.

Por eso, la discusión política sobre los mitos no puede limitarse a la denuncia (o peor, al desprecio) de sus excesos pasionales o de sus contradicciones racionales ignorando su papel constitutivo. Esto es lo que se hace con frecuencia desde un cierto racionalismo, idealista y purificador (con sus variantes liberales o marxistas). Una concepción materialista y no ingenua sobre la subjetividad y la sociedad tendría que aceptar y entender las pasiones y sus contradicciones como terreno de disputa política, de problematización y construcción de razones apasionadas, de pasiones discutibles, de identificaciones movilizadoras... y también de mitos populares. Mitos, cuyos contenidos podrían funcionar en una dirección emancipadora. Ciertamente, también pueden sostener posiciones retrógradas y excluyentes, por ejemplo, planteando antagonismos mediante una concepción de patria estrecha que convierte al otro en una amenaza que debe ser negada o rechazada. Sin duda, los mitos pueden

---

2. Laclau, E., *La razón populista*, Fondo de Cultura Económica, Buenos Aires, 2007.

funcionar también en esta dirección, pero no será el desconocimiento o el rechazo del papel cementante que desempeñan, especialmente en condiciones sociales de incertidumbre y crisis, lo que nos va a permitir que dicha posibilidad desaparezca.

Lo que aquí proponemos entonces es atender a los modos de reconocimiento compartido, de producción de marcos y horizontes de sentido, y de movilización/desmovilización que los mitos pueden portar para poder mantener, trasformar o disputarlos políticamente. Este trabajo político no está exento de riesgos y contradicciones, efectivamente, pero tampoco de oportunidades para la apertura de otros mundos más igualitarios, abiertos e inclusivos.

Dice Laclau que una sociedad sin mitos nos abocaría al cementerio (una máquina social unificada bajo una perfecta gestión técnico-burocrática, algorítmica podríamos decir hoy), o al manicomio (la imposibilidad de encontrar un sentido compartido a nuestro sinsentido estructural). Por eso los necesitamos. Aunque no supongan ninguna garantía. Aunque conlleven riesgos y conflicto entre opciones abiertas en disputa. Es decir, aunque no podamos extirpar su radical dimensión política.

Nuestro acercamiento al mito de Maradona no pasa tanto por plantear una discusión sobre él como por una reflexión sobre nosotros, sobre nuestro modo de entender las subjetividades políticas. Como hemos tratado de mostrar, necesitamos mantener abierta una concepción de éstas que no haga de las pasiones colectivas un exceso patológico que debe ser eliminado. Esto supondría un estrechamiento de los espacios y prácticas de politización en nuestra sociedad y, por tanto, de las posibilidades de su transformación.

Bienvenida entonces la discusión sobre las contradicciones de los mitos populares, es parte de la politización que queremos, pero sea bienvenida también la apertura para contar con ellos como mediación necesaria para movilizar una subjetividad apasionada que sepa de sus deudas e inconsistencias y de la dimensión de apuesta inacabada que sostiene la afirmación de un deseo, por ejemplo, de igualad, de justicia o de más democracia.

No podemos anticipar las formas y contenidos de los mitos del futuro, pero sí podemos esperar que el empuje para encontrar modos de certidumbre, sentidos compartidos y confianzas colectivas seguirán alimentando nuestros mitos populares. Los necesitamos para abrir otros posibles alternativos a lo que hoy se nos presenta como el único horizonte «racional» posible, el de la mercantilización neoliberal y su, más o menos amable, gestión tecnocrática sin pasiones.

Maestros: pases e impases en la formación

Roque Farrán,
investigador de Conicet (UNC-CIECS)

1. Hace poco escuchaba a unos colegas psicoanalistas hablar de la profanación y de ser irreverentes con las enseñanzas de nuestros maestros, cuestiones con las que puedo acordar, pero además mostraban cierta dificultad para situar el lugar de formación y cómo se transmitiría dicha práctica. Si tanto en la universidad como en las escuelas se recita y repite la palabra de los maestros sin una mirada crítica, entonces ¿dónde, cómo y con quiénes formarse? La alusión al análisis personal y el recorrido intuitivo por distintos lugares de enseñanza pueden brindar una orientación general, pero sin duda resultan insuficientes, y muestran el malestar de la época: las instituciones estalladas y el problema de la formación. Por eso insisto que las prácticas de sí, la *ethopoiesis* o formación del sujeto que investigaba Foucault, son transversales a todas las instituciones y prácticas: el agujero negro de nuestros saberes actuales. Nadie quiere saber nada de tomar a cargo la formación de los sujetos, cuestión que se suple habitualmente con información o buenas intenciones progresistas, pero luego nos sorprendemos o escandalizamos del retorno de gestos fascistas.

2. El 22 de noviembre festejamos en Argentina el día en que Perón estableció la gratuidad de la enseñanza universitaria. Sin duda, ha sido un gesto de igualitarismo invaluable que mucho ha contribuido a producir la singularidad argentina. En la universidad pública y gratuita aprendemos sobre las diversidades

culturales, las desigualdades sociales, el ejercicio de la crítica, las contextualizaciones históricas, la investigación rigurosa, las militancias, etc. No obstante, podría señalarse que una cuenta pendiente de la formación universitaria ha sido la constitución de *sí mismo*: la ausencia de una interpelación a ocuparse de sí que afecte tanto a estudiantes como investigadores, funcionarios, autoridades y profesores. Esto es, la tematización y puesta en práctica cotidiana de prácticas de sí que permitan hacer cuerpo efectivo los conocimientos, funciones y compromisos asumidos. Enseñar a leer, investigar, meditar, escribir y transmitir de modo tal que esas prácticas hagan cuerpo y se anuden singularmente en cada sujeto implicado en los procesos de enseñanza, aprendizaje, militancia y servicio social. Las sobreinterpelaciones ideológicas y sus desquicios delirantes no pueden contrarrestarse únicamente con el conocimiento científico objetivo o el compromiso político militante, sino que exigen formaciones éticas consecuentes. Necesitamos, además de la gratuidad, evaluar y sostener el *costo subjetivo* que implica acceder a una verdad en su ejercicio concreto.

3. Hay quienes dicen que el psicoanálisis es como una religión: creer en el inconsciente o reventar (sea para darle inicio o final); o que el peronismo es un sentimiento: no se explica ni se entiende (sea esto para bien o para mal). Ambos responden a prácticas o ejercicios de saber ligados a una idea materialista de la libertad o la emancipación. Lacan, que sin dudas era psicoanalista y —permítanme esta provocación— hubiese sido peronista, como cualquier materialista, entendía la razón de los afectos en su lógica estricta: para que un saber encarne y tome cuerpo, sea el del inconsciente o sea el de lo popular, tiene que haber un goce producido y adquirido en su mismo ejercicio:

«El saber vale exactamente lo que cuesta, es costoso [*beau-coût*] porque uno tiene que arriesgar el pellejo, porque resulta difícil, ¿qué? —menos adquirirlo que gozarlo—. Admito que la computadora piense: pero ¿quién puede decir que sabe? Pues la fundación de un saber es que el goce de su ejercicio es el mismo que el de su adquisición». Ni la ciencia estricta ni el neoliberalismo emprendedor (ambos ligados cada vez más a la lógica algorítmica de las computadoras) entienden el costo afectivo que constituye al sujeto en el ejercicio de un *saber que hace cuerpo*. Por eso, si existe algo así como la emancipación o la libertad, se trata de una práctica de los *saberes en-cuerpo* (*en-corps/encore*), siempre a retomar y continuar con nuestros legados y tradiciones. La libertad, en Lacan, no es otra cosa que el juego que se encuentra en la circunscripción del «objeto a»: causa del deseo irreductible a la cuenta significante. Su único invento epistémico en el campo psicoanalítico, como él mismo afirmó; escrito además en el centro del nudo borromeo. Cada quien puede cultivar su libertad, en el medio de las determinaciones significantes y las alienaciones imaginarias, si entiende el juego nodal que las sitúa en su propio registro y excede. Lo real o la naturaleza nos exceden: la enfermedad, la muerte, lo que puede o no puede un cuerpo, encuentran allí su lugar sin previsión alguna. La naturaleza es también el síntoma, y sólo aprender a hacer con él nos permite gozar de aquélla sin destruirla. Las computadoras pueden pensar pero no saber, porque el saber exige que *el goce de su ejercicio sea el mismo que el de su adquisición*, repetimos, ¿y quién podría imaginar siquiera que una computadora goce? Un naturalismo del goce no es romántico ni primitivo, prescinde de las computadoras a condición de servirse de ellas.

4. Entender esto último es clave para ejercer nuestra soberanía con inteligencia y no caer en dependencias vergonzosas. Soberanía es constituirnos a nosotros mismos en tanto sujetos que pueden producir sus propios saberes, subvertir las relaciones de poder imperantes y sostener modos de cuidado en cada instancia, tomando de diversas tradiciones lo que se ajusta a la singular complexión afectiva en que nos (des)encontramos habitualmente. Soberanía es también ejercer la crítica señalando las irreductibilidades que nos constituyen y produciendo desplazamientos en torno a ello, sin negar nuestra impropia constitución, sin querer destruirlo todo o señalar siempre la falta en los otros (que no es la *falta en el Otro*). Así, cada vez que aceptamos dar una entrevista a un medio, hacer la publicidad de un producto, o ejercer un cargo en el Estado, por ejemplo, decidimos participar del juego de la escena pública, sus tensiones y manipulaciones. Ningún intelectual (artista o deportista) es ingenuo al respecto, ni tienen sentido las chicanas que corren por izquierda a quien lo hace, casi siempre movilizadas por purismos ideológicos o afectos tristes: al que aceptó dar entrevistas se le dirá que quiere autopromocionarse; a quien hace la publicidad, que se vendió al mercado; a quien acepta el cargo, que se dejó cooptar por un aparato normalizador y disciplinador, etc. Estamos, todas y todos, metidos en esta gran Matrix y jugamos con desplazamientos y subversiones locales que pueden ser absorbidas y asimiladas, neutralizadas, pero aun así decidimos jugar. Las intervenciones son estratégicas y el producto de una apuesta que se evalúa en sus efectos: aquello que abren y posibilitan para otros en determinado campo. Como no lo podemos saber con certeza, sólo nos queda confiarnos a la singularidad e irreductibilidad del gesto con que lo hacemos. Nada más.

5. Todos los puntos anteriores resuenan de algún modo con el legado maradoniano: la irreverencia, el peronismo, la libertad de juego, el goce singular, las formas de intervención, etc. ¡Vaya pues mi modesto homenaje al Diego y su pase a la inmortalidad con estas últimas palabras! El pase es un significante fuerte en el fútbol, refiere a la esencia misma del juego en equipo, dentro del campo: pasarse la pelota entre jugadores, hacer el pase de gol; y también a la parte del negocio que lo sustenta, fuera del campo: el pase de jugadores entre equipos, las especulaciones y ganancias. Un problema común de los que tienen buen manejo de la pelota es que a veces se la comen y no saben pasarla a tiempo; pocos son tan buenos como para distinguir entre la oportunidad única de jugársela solo o apoyarse en pases combinados con otros. Recuerdo estas distinciones cruciales, afectivas y corporales, de aquella época en que soñaba con ser jugador de fútbol y mi referencia principal era, por supuesto, el Diego: él sabía como nadie dar el pase justo de gol o hacerlo solo. Fuera del campo es más difícil distinguir, aunque también tuvo gestos generosos. Me pregunto si esa ética de la distinción y el pase justo es transferible a otros campos: si en el acto de escritura, de transmisión, de cura, de militancia o de investigación, por ejemplo, podemos poner en juego el deseo y la pasión de esa forma. Me pregunto si en democracia no será necesario, en vez de pedirle a toda la población que opine de todo o haga y valore lo mismo que todos, que cada quien pueda decidir hacer su pase —o no— en el ámbito donde se juega su deseo de verdad. Así, creo, cada quien podría aportar al conjunto sin demandarle a otro porque no la pase. Pero también habría que pensar que, en una democracia real e inmanente, no hay fuera de campo y tenemos que saber confiar en quienes nos representan ocasionalmente,

haciendo que ese juego también sea divertido y apasionado para ellos y no meramente acumulativo o compensatorio por lo que no habrían podido alcanzar en otro campo. Si algo nos puede enseñar el juego ejemplar del Diego, hijo sano de nuestras contradicciones (clasistas, patriarcales y partidarias) que viniendo fuera del campo nos mostró que en realidad no hay fuera de campo, es que cada quien puede jugársela y es necesario que lo haga de la mejor manera posible: por la vía del deseo. El pase no es sólo un significante con doble función, sino un dispositivo de juego y exposición que señala el punto insondable donde se constituye un sujeto, sea cual sea su importancia personal. Darnos pelota en torno a esta simple enseñanza del Diego: el objeto causa del deseo LTA (no en el bolsillo).

Querido Diego

Duen Sacchi, *artista visual y escritor trans, compañero, hermano, hijo y nieto de combatientes*

Soy Maradona contra Inglaterra anotándote dos goles.
Latinoamérica, Calle 13

La distancia ha marcado nuestra relación. Dos veces vi pasar tu cuerpo a velocidad de hombre maravilla, la primera desde la tribuna de una cancha, aferrando mi manita tímida y mi silencio emocionado a la mano de mi papá, mientras que mi hermano, más explosivo y extrovertido que yo, gritaba y saltaba, mientras seguíamos con la vista ávida tus botines marcados con un punto blanco por el césped del estadio mundialista Mario Alberto Kempes. La segunda, me encontró llorando sobre la avenida del bajo, al costado izquierdo de la Casa Rosada mirada desde el río, mientras tu cuerpo tapado de flores recorría las calles hacia el cementerio. Esta vez mi pareja tironeaba de mi mano para que me alejara de la calle tomada por motos de baja cilindrada, bicicletas y cuerpos que corrían a toda velocidad cual estampida de último minuto desde media cancha —sólo nosotres y vos sabemos cómo y por qué— detrás de tu ataúd.

Te escribo para contarte cómo estamos, ahora que ya no estas, comentarte cómo sigue tu autoconvocado pueblo, Tu pueblo, nosotres. Te gustará saber que el domingo fuimos con las reposeras anaranjadas y azules, el mate y les changuites[1] a las

---

1. Jóvenes. [N. del E.].

Querido Diego

orillas de los ríos —a veces del asfalto si el agua escasea—, les abueles se acomodaron en los patios bajo las algarrobas, les sobrines se levantaron de la resaca con cara de revolcón y aprovecharon la distracción de la visita para agarrar calle otra vez. Te gustará saber que entramos a pata suelta y remeras al viento por las orillas del Río de la Plata, y nos miramos en su espejo marrón como nuestras pieles, que tornasolan al negro y al plateado. Y nos reímos con dientes a medias y dientes nuevos con nuestras bocazas grandes y generosas como nuestras manos y caderas.

En la noche, a la vuelta de los ríos, de la casa de la tía, de la plaza y la piecita de la amiga y la de los viejos, en las calles, las chicas, las travas, cual Irupes en las esquinas —me pregunto cuántas habrán sido tus amantes— cuchichearon entre risas y rabia, sobre el trabajo duro y sobre vos. En la noche, a la vuelta de los ríos, de la casa de la tía, de la plaza y la piecita de la amiga y la de los viejos, todos los ojos de tu pueblo conmovidos miran el pasado y el futuro.

El día de tu entierro éramos un grupo extraño, pibes trans, nietes de desaparecides y jóvenes feministas. No lo sabes pero la ciudad fue tomada por pequeños malones que asaltaban puentes, autopistas y jardines deambulando en medio de la pandemia, infectados, infectándonos, buscándonos los ojos, conteniendo el abrazo sin lograrlo, saltando, saltando, saltando. ¿Quién se nos fue? ¿Quién se ha ido? ¿A quién estamos enterrando? Quizás ha muerto cualquier padre, crecido en trabajo infantil, hijo de la migración indígena a la ciudad, negado y amado, ese rostro cercano querido en el barrio y la cama y despreciado por la televisión, el cuerpo de la lucha y del deseo, ese rostro y ese cuerpo que es nuestro propio rostro y nuestro propio cuerpo. Ese día, en la Bombonera, la más joven de nuestro grupo anudó un pañuelo verde junto a un rosario que colgaba de tu imagen y pidió porque vuelvas mejor y te lleves el machismo y lo entierres con tu puño goleador en el fondo de la tierra. Te habías hecho ya santo, santo, santo. ¡Moreno, cimarrón, indio! ¡Acá tu malón!

Te quería contar que, unas semanas después, Claudia Villafañe ganó Master Chef y te dedicó su título, y nosotres, tu pueblo, nos acodamos frente al televisor con los platos de lo que hay, y el azul de los televisores que asustaba a Bradbury aquí fue una buena señal, estábamos despidiéndote y acompañando a la Claudia, nosotres tus familiares, tu pueblo, y cuando ella levantó la medalla todes la levantamos con ella como lo hicimos también con tu copa, la copa de tu pueblo, ¡para que reine en el pueblo, el amor y la igualdad!

Te quiero contar que el lunes pasado, mientras hacía la fila para pedir turno para un ecografía Doppler a las cuatro de la mañana en el hospital, hacía frío en verano y el chico de las facturas nos dejó al cuidado una bandeja entera porque empezaba a vender a las siete. Ahí, resguardando los panes dulces, pensé que tenías que entender por qué a veces nosotres, tu pueblo, se equivoca, ¡quien no se tragaría el cuento de que un blanco salvador nos sacaría de la miseria con esta espera! Quién no lo pensaría si no han dejado de romper nuestros santos morenos, si hemos vistos a nuestros hermanos quebrados, encarcelados, hambreados, tomados por la violencia y la desesperación. Pero aquí estamos, cuidando tres horas la bandeja de dulces que compraremos con monedas y tomaremos con café liviano azucarado antes de entrar al hospital, tres horas después, la gran masa de tu pueblo, combatiendo al capital.

Una vez hice un gol, fue en la cancha de Campo Durán, corrí hasta sentir que los músculos se desprendían de mis huesos y mis huesos se volvían partículas de polen contra el verde del monte, pateé. Mientras corría escuché: «¡*Che gamba´i Maradona estai en orsaii changoooo!*». Frené, pero mi cuerpo siguió y la pierna se estiró ante mí, vi mi rodilla doblarse y pasar hacia atrás, alto pase y gol. Yo como estaba sin anteojos me di contra el alambrado. Ahí entre el pasto y los zancudos y me acordé del 86. Mi hermano salió corriendo hacia la calle angustiado, desesperanzado antes de tu gol, mi padre detrás, yo estaba en silencio, esperando el milagro. Porque si bien la distancia ha marcado nuestra relación, vos y yo, vos y nosotres sabemos que no hay distancia para el amor de tu pueblo.

POÉTICAS Y ESTÉTICAS DEL SUR

El duende de Maradona
(por una estética del Sur)

Jordi Carmona Hurtado, *profesor de Estética
y teoría del arte en la Universidad de Granada*

> *El duende hiere, y en la curación de esta herida que no
> se cierra nunca está lo insólito, lo inventivo de la vida de
> un hombre.*
>
> Federico García Lorca

Si existiese una estética del Sur, una de sus principales categorías sería la del «duende», definida por Federico García Lorca. Maradona tenía duende, como Belmonte lo tenía, como lo tenían Chaplin y Billie Holiday, como el duende de Camarón, el de Charlie Parker y el de Kurt Cobain, el de Carmen Amaya o el de Muhammad Ali. Hay algo negro, algo gitano y moro en el duende, algo judío, algo que sólo puede darse en el arte de los pueblos humillados y las clases oprimidas. Curioso destino, el del duende lorquiano. La crítica ilustrada muestra, pese a las afirmaciones del propio Lorca, que él mismo inventó la expresión «tener duende», más que recogerla del habla común y anónima andaluza, o al menos le dio una impronta decisiva. Pero es que Lorca no crea una categoría estética sin fabular al mismo tiempo todo un pueblo: esa aristocracia invertida de oscura genealogía proletaria pero de linaje antiquísimo, eterna raza maldita que pervive desde donde se pierden los tiempos en los márgenes de la buena sociedad, esclava pero orgullosa, soberbia y analfabeta, guardiana de los misterios dionisíacos y del espíritu de la Tierra. Como también ocurre con Nietzsche, el pensamiento de Lorca es inseparable de todo un trabajo estético y dramático, de la incorporación de las ideas por personajes y de su territorialización en determinada cartografía. Y a la bestia rubia de la genealogía nietzscheana se opone, como su exacto reflejo invertido, el duende negro de la lorquiana. Donde la percepción común ve una familia gitana de carniceros sin historia, la visión enduendada adivina a los descendientes de sacerdotes milenarios que sacrifican toros a Gerión. Pero, entonces, ¿el duende no sería una categoría tan mítica e imprecisa como ese pueblo fabuloso? Esto supondría desconocer que la poética de Lorca también es una política, que en la época de las experiencias con teatro clásico de La Barraca, durante la Segunda República, definió en el gesto de «devolver al pueblo lo que es suyo». Nunca un poeta fue más profundamente popular que Lorca, y no tanto por realismo o costumbrismo, sino más todavía a fuerza de modernismo y de estilización: realismo fabuloso, mágico, «enduendado». Pruebas de esto son el modo en que tanta gente ajena al mundo del arte erudito se ha apropiado del duende con tanto entusiasmo, no sólo en la órbita del flamenco, y que tanta gente humilde sin formación estética cree entenderlo inmediatamente, sin necesidad de explicaciones. El duende es una categoría estética menor, originalmente promiscua, producto de un empirismo salvaje, que no nombra tanto una idea de la inteligencia que pueda ser definida como una fuerza de la vida que en ocasiones experimentamos. La potencia popular de Lorca deriva de que su poesía brota de la misma fuente de la que han surgido danzas, cultos, ceremonias religiosas, fiestas populares, artes y ritmos de vivir; no de la imaginación burguesa, facultad de la inteligencia, sino de lo que Bergson llamaba «función fabuladora», instinto de la vida.

Aby Warburg nos enseñó que las obras de arte, más que de bellas imágenes, están hechas de gestos de desgarro que dan forma a un *pathos*, y concentran así toda una serie de tensiones históricas como en un cristal de tiempo. Es posible analizar esa obra maestra del arte del Sur que fue el famoso partido de Argentina contra Inglaterra de 1986 según tres diferentes niveles de simbolismo, además del aspecto político evidente de victoria antiimperialista. El primer nivel es el de la reapropiación. Pues precisamente el fútbol viene del Norte, pero Maradona hace de los viejos esquemas del *sport* otra cosa, claramente superior: la afirmación de un estilo. El estilo del artista, intérprete enduendado del *football*, transforma el rudo deporte de los ingleses en una fiesta popular y sagrada que se vuelve al mismo tiempo celebración del genio plebeyo. Y es que el duende, como muestra Lorca, se manifiesta más a menudo en los intérpretes (artistas menores) que en los «creadores», y toda obra de arte plebeya es resultado de una expropiación del arte de los amos que al mismo tiempo lo desvía a otros fines. Pero, en un segundo nivel, esta apropiación se hace desde el lado nocturno de la experiencia humana, desde lo que Lorca describe como una familiaridad o apertura a la muerte. El duende no asalta a aquellos para quien la vida es algo fácil y garantizado, hasta aburrido, sino a los que la experimentan como algo doloroso y violento, algo indomable que hay que salir a pelear cada mañana. El ataque del duende es el ataque de las fuerzas que amenazan a la vida: como la irrupción súbita de una fuerza abstracta, un «aire mental», dice Lorca. Esas fuerzas que amenazan a la vida también la provocan, y el estilo del artista plebeyo coincide con el combate con el duende. Se trata de una improvisación completamente física, un pensar-con-el-cuerpo que no resulta guiado por las musas de la inteligencia ni por la luz gloriosa del ángel, sino por el ataque subterráneo del duende, que golpea en lo más recóndito de las entrañas, y que luego «nos sube por dentro». Como la vida entera resulta amenazada es la vida entera la que debe sobreponerse, manifestándose en una forma insólita, que en el momento parece imposible, milagrosa, y por eso puede provocar arrebatos de fervor religioso en los aficionados. Ocurre como si una entidad ctónica o Dios de abajo se incorporase en el sonámbulo Maradona, para marcar el gol del siglo. La irrupción del duende no es algo divertido, ni ocasiona ningún «libre juego de las facultades», como en la estética contemplativa del Norte. Pues el duende es la llama que surge de la hoguera de las facultades. Los aficionados se transforman en fieles que comulgan en éxtasis, que participan del antiguo misterio, que aman y comprenden. Maradona entra en el panteón plebeyo.

Pero lo que hace que Maradona ejemplifique con tanta fuerza la estética del Sur no sólo es esta presencia real de lo divino, sino también su simulacro. El duende es inseparable de una potencia de lo falso, y por eso las fiestas paganas no dudan en usar todo tipo de artificios para provocarlo. El genio de la estética de la supervivencia también es pícaro y buscón, como Maradona cuando marca su famoso primer gol, «un poco con la cabeza, y un poco con la mano de Dios». Pues hace falta un poco de astucia para que se digne a venir la gracia, el auténtico chamán también es un curtido actor, y por eso sólo el teatro del primer gol crea las condiciones ambientales para el milagro del segundo. El Sur del duende no es el Sur puro y solar del clasicismo y el Renacimiento, sino el Sur tenebroso del barroco y del neobarroco, de la hibridación absoluta y de las múltiples síntesis de lo incompatible. Es el Sur de la sabiduría del lazo profundo entre la vida y la muerte, lo falso y lo verdadero, el artificio teatral y la verdadera religión. Ese Sur que dibuja la cartografía electiva de la conferencia de Lorca, pronunciada por primera vez en Buenos Aires, y que recoge la interpretación por parte de una artista callejera andaluza enduendada de la tonadilla napolitana «Maria, Mari». El mismo Sur que Maradona recorrerá en sentido inverso, hacia Nápoles y Sevilla.

El duende es la vida que se afirma con una intensidad, una profundidad extraordinaria, justo en el contacto con lo que más la amenaza. Como si la vida se afirmase con más intensidad y belleza todavía en el morir mismo. Por eso hay algo trágico en esas vidas, algo roto y excesivo, desequilibrado, como una presencia y un combate continuo con la muerte, del que emerge, de tanto en tanto, el duende. De ahí también la relación de estas vidas, muchas veces, con las drogas, una relación que se entiende tan mal. El neoliberalismo ha acabado por hacer de los deportistas de élite puros profesionales, esclavos carísimos del capital, que no tienen nada que decir absolutamente sobre nada. Hay una imagen de Maradona ya retirado, fumando un puro con camiseta de Boca, gorra con estrella roja comunista, crucifijo católico y abalorios del candomblé, que es como el icono de cierta libertad plebeya, como la estampita de un nuevo santo protector de la rebeldía popular. Lo contrario, por ejemplo, de la imagen reciente de Rafael Nadal en la publicidad del Banco Santander, prometiendo que vamos a salir todos juntos de esta crisis: un perfecto esclavo, por muy podrido de dinero que esté. Para eso, mejor tirar el dinero, mejor gastárselo en coca o en lo que sea.

Bestiario V: un monstruo monstruoso

Pedro G. Romero,
artista

No existe. Y no lo digo por su reciente fallecimiento, porque, de hecho, ha dejado de existir. Su cuerpo ha dejado de tener aliento. Pero lo que quiero decir con que Maradona no existe tiene que ver con otra cosa. No es exactamente que, en Maradona, el hombre y el mito anden por separado, no, aunque también puede entenderse así. Es que sólo como imagen, algo más complejo que el mito, pues participa del mito y, a la vez, escapa de éste. Sólo como imagen puedo hablar de Maradona y sólo como imaginación puedo hablar de Maradona.

Hay una traza, un algo que afecta. Que nos afecta cuando pensamos en Maradona, en el monstruo Maradona, en el Frankenstein Maradona y sus significados, en su imaginario. Intentar entender esa traza en Maradona, ese afecto, es también intentar entender por qué puede afectarnos un tipo jugando a la pelota de esa forma descomunal. Es un fenómeno global, bla, bla. Sí, pero no se trata solamente de eso. Lo extraño es el carácter político de esta traza. Es un dedo íntimo, no sé si podríamos decirlo así, que te toca por dentro y te abre a los de tu alrededor, a la gente, al público, a los que están contigo en el bar. La imagen de Maradona tenía ese efecto. Es un efecto político, aunque, a veces, pueda pensarse que es un truco. Será un truco pero no simplemente un truco. Se trata de efectos especiales, algo propio del mundo del espectáculo donde operaba, evidentemente, Maradona. Pero entender cómo ese efecto se transforma en afecto, cómo ese truco se hace trato, eso es lo extraño y eso es lo político, me atrevería a decir.

No me interesa el fútbol pero sí me interesa lo futbolero. Soy del Betis —*La marcha verde* de Antonio Hernández lo explica muy bien—, un afecto que no se elige, y siempre agradeceré que cuando Maradona llegó a mi ciudad para jugar en el equipo rival, el Sevilla, sus primeras declaraciones fueran más o menos así: «En la liga española siempre quise jugar en el Betis, pero lo más cerca que he llegado es a jugar en el Sevilla». Se ganó a la afición rival, y a la propia ya se la tenía ganada, obvio. En lo futbolero, la posibilidad de llegar a la barra de un bar y entablar conversación con desconocidos, eso lo daba «el Betis» y «Maradona» lo daba también. Sí, los dos garantizaban largas charlas con los camareros y es fundamental tener contentos a aquellos que deciden la cantidad de jamón que van a poner en tu tostada. Es un efecto de la conversación banal, puede ser el fútbol o puede ser un comentario de las revistas del corazón. Las redes sociales son eso, banalidad. Pero lejos de mi intención pensar que esa banalidad no opera o es simplemente despreciable. En ese campo superficial los afectos circulan vestidos de golosinas y azúcares diversos. En el exceso de azúcares de los refrescos también operaba Maradona.

Y también he jugado al fútbol —Los leones de Aracena— y he visto partidos de fútbol en el estadio y en la televisión, y he leído mucho de fútbol y escuchado mucha música de fútbol —¡Ah, Jorge Ben!—, y me han censurado, o algo parecido, una pieza sobre fútbol realizada con Israel Galván y Manolo Soler porque daba preponderancia al himno *¡Sevilla hasta la muerte!* —un gran himno aunque sea del Sevilla, el equipo rival—, que a la Federación Española de Fútbol le pareció mal y no, no mostraron la pieza. Todo esto es ser futbolero. También ir con Argentina en los Mundiales, nunca con España. Entiendo que la dimensión trascendental que allí se tiene del fútbol —como con el tango, el uruguayo Galeano es su profeta— me parecía impresionante. El futbolero habla de fútbol, entiende que ahí está también el deporte y no en la cancha. Y ahí, en fin, marcados por Valdano y por Simeone y por tantos otros, ¡nadie gana a los argentinos hablando de fútbol!

Es en ese hablar de fútbol que nació la imagen Maradona. Una imagen en el sentido exacto de imaginario. Una imagen lleva a otra. Una imagen es una conversación, no sus distintos eslabones. Una imagen lleva a otra, efectivamente, y la imagen de Maradona llevaba a lugares inusuales, a Fidel Castro y al comandante Chávez, simplemente porque el Che Guevara era, también, argentino. No hay razón de fondo, aunque sí, el origen popular y plebeyo de un jugador de clase, de los de abajo, su contrafactura monstruosa —su retrato de los últimos años, lleno de grasa y de botox es simplemente caricatura—, el mantenimiento de una estructura familiar proletaria, su comportamiento de mafioso del lumpen-proletariado, todos esos mismos ingredientes, los mismos más o menos, llevaron a otros jugadores de fútbol a ser medio facciosos o a ser imagen del capitalismo financiero, una veces con cara humana y otras en plan maltusianismo salvaje. En el fútbol británico hay muchos ejemplos, no voy a citarlos, no se trata de la guerra de las Malvinas. Fogwill, el de *Los pichiciegos* me lo dijo: «¡Ah!, ganarle a Inglaterra en la cancha».

Pero no, Maradona llevó su imagen a otro sitio. Las condiciones sociales, las explicaciones sobre estructura o superestructura, todo sirve. Entender a la Argentina, leer a Borges o a César

Aira o a Oswaldo Lamborghini, todo ayuda. Hay un clásico *dictum*, Discépolo contra Borges —no sé si era de Norberto Galasso—, que también ayuda a entender esto si eres un devoto del tango. Como en este ejemplo, triunfa Discépolo, sí, pero con un entramado argumental que sólo puede ser borgiano. Y así, en este modesto *Maradona contra Borges* —también podría haber titulado así esta columna que boceto— me temo que pasará esto. Maradona vence a Borges pero con herramientas borgianas. Al fin y al cabo, las estrategias de juego de Maradona eran borgianas, ¿o no? Su toque de la pelota, su enciclopedismo. Lo que Borges tenía era toque, ¿no? El vigor inglés y el estilismo italiano, que cuajan en Maradona por las vías del Uruguay y el Brasil. Forzar este tipo de analogías, eso es lo borgiano. Pero también el toque, el decir. Maradona jugaba a la pelota en una mezcla de inglés y lunfardo.

Maradona es una anomalía en el mundo del espectáculo, un monstruo que confirma que es posible, que incluso ahí, en ese combate, es esa guerra cultural que damos por perdida, aún ahí la imaginación encuentre aliados. El asunto, según creo, es saber ver y mirar cómo funciona esa monstruosidad, cuál es su grasa, su pegamento, eso que opera para poder hablar de Maradona con orgullo y sin vergüenza. No es nada fácil. Prácticamente todo está en contra, pero por alguna razón se produce una mutación —eso de la mutación es muy propio de lo monstruoso—, y todo lo que asusta se hace próximo, se le quiere, se le ama. No alcanzo a saber exactamente cuál es la célula, el componente en la cadena de ADN del monstruo que es Maradona, el componente exacto que permite esa mutación. Sabemos que entre una mosca y un hombre o una mujer apenas hay diferencias cuantificables, pero la combinación permite seres vivos muy diferentes.

Y no, no conozco suficiente, me rindo, no sé exactamente dónde y cómo opera dicha mutación.

Sólo se me ocurre hablar de Quaresma, un futbolista gitano y portugués que, desde una forma de vida típica del capitalismo más banal, enganchado a lo peor del *still life* del capitalismo financiero, no sólo era eso, no sólo, en realidad era algo más complejo. Ricardo Quaresma, El Cigano, se convierte en héroe nacional, o casi, por su actuación contra Francia en la final de la Eurocopa de 2016. Quaresma, desde esa atalaya mediática, una palabra horrorosa pero propia también del medio futbolístico, no sólo del militar, desde ese ahí, se enfrenta a la extrema derecha portuguesa que la tiene tomada con los gitanos. Su abuelo, Artur da Silva Quaresma —en realidad no era su abuelo, pero el parentesco se reduce para que se entienda mejor que son familia—, protagonizó un episodio heroico en la lucha contra el fascismo en Portugal. En 1938, en medio de la guerra civil española, Franco y Salazar quieren escenificar su alianza en un partido de fútbol al que asisten jerarcas nazis alemanes y cuadros del *fascio* de Mussolini. Al comienzo del partido era obligado que en este «amistoso» entre España y Portugal se hiciera el saludo a la romana, brazo en alto y cara al sol. Un grupo de jugadores portugueses, apoyados por el entrenador que estaba cercano a las redes de resistencia contra Salazar, decidió negarse y levantó el brazo con el puño cerrado a la manera socialista. Quaresma, digámoslo así, simplemente se negó a levantar el brazo, en solidaridad con sus amigos rojos, pero con cierta actitud destituyente. Fue un pequeño escándalo político pero la eficaz propaganda fascista manipuló la fotografía y en los periódicos los puños cerrados se convirtieron en manos extendidas al frente. Sólo se escaparon los brazos caídos de Quaresma. Eso no lo pudieron manipular, todavía la técnica no era capaz de improvisar un brazo extendido así, prótesis fascista, sin que se viera que era falso. Los puños sí, fueron clonados con manos abiertas de los de al lado, pero los brazos atrás, el cuerpo manco, no, ése se dio así, alicaído, en las portadas de todos los periódicos. El monstruo Quaresma se convertía en el único disidente, el gitano, que sufrió todo tipo de vejaciones y chistes —la pereza, la marginación, la extranjería, la delincuencia, el analfabetismo y otros estereotipos sobre los gitanos le fueron aplicados—. Sin tener que elegir entre los que dominan y los que están dominados, ni amo ni esclavo, Quaresma se convirtió en una especie de héroe. Y sobre este apoyo, su nieto, su sobrino, su descendiente, decide enfrentarse al antigitanismo de la derecha racista portuguesa que ha decidido hacer de los gitanos el chivo expiatorio de todos los males de la República. Claro, cada época tiene su manera de rechazar a los gitanos y a este Quaresma de hoy ahora lo llaman traficante, cocainómano, turco, machista y homófobo. Lo peor y lo mejor son parte de esa construcción de lo monstruoso. Y desde esa fama —la fama es una manera de acuerdo entre lo mejor y lo peor, evidentemente— la voz de Quaresma es la que más claramente ha clamado contra la bota fascista que pisa hoy los charcos de Portugal.

No es que Maradona sea gitano, no. Mejor dicho, no es que Maradona sea un romaní, un gitano étnico, porque en Nápoles, por ejemplo, me decían por la calle que Maradona, en sus años de Sevilla, se había hecho gitano. Pero no se trata de eso, claro. En muchos sentidos, Maradona es un *gypsy* en la acepción inglesa de la palabra. Entendámoslo en el lenguaje de las imágenes: Maradona es *camp*, es cursi, es *kitsch*, es de mal gusto. Pero también y tampoco se trata de eso. Lo cierto es que mucho de lo que circula tan clara y coherentemente en el ejemplo de Quaresma circula también en el imaginario de Maradona, dispersa y excéntricamente. No quiero leerlo sólo desde el bajo materialismo de Georges Bataille o desde lo que Verónica Gago llama «barroco plebeyo». Hay algo libidinal, en el sentido que le daba Lyotard, para entender esta economía de lo monstruoso que Maradona representa en nuestra imaginación. Pero, como asentí en su día al paisano napolitano: sí, en Sevilla Maradona se ha convertido en gitano.

Y MARADONA LLEGÓ A SEVILLA

GERARDO TECÉ, *periodista de CTXT*

Un mito es un acontecimiento histórico hecho persona que acompaña a una generación. Uno de los mitos de la mía fue un argentino de origen humilde convertido en superhéroe. Un Batman de carne y hueso admirado por todo el bien que era capaz de hacer en Gotham con una pelota en los pies. Un tipo capaz de convertirse en global en una época en la que la globalización aún no existía. Capaz de hacer que todos los niños que jugábamos al fútbol en aquel descampado de albero de la Sevilla pre-Expo 92, a miles de kilómetros de Buenos Aires o de Nápoles, lo quisiéramos imitar haciendo que los partidos de cada tarde fueran una cosa insoportable. Porque en la Sevilla pre-Expo imitar al mito era recibir la pelota y no querer soltarla nunca. Era olvidarte de que existían compañeros de equipo a los que pasársela y madres avisando de la merienda desde el balcón del bloque; era iniciar una aventura en solitario —que es el modo en que los héroes van a las aventuras— que sólo podía acabar de dos maneras: en el suelo y con el cuerpo lleno de albero o, lo que era peor, logrando el segundo gol de Argentina contra Inglaterra para confirmar, una tarde más, que valía la pena que aquellos partidos fueran infumables a cambio de la posibilidad de sentirte superhéroe por unos segundos. Aquello no era fútbol, pero es que Maradona tampoco lo era. Era mucho más.

Al contrario que les pasa a otros acontecimientos históricos más sencillos de entender y ubicar, como la caída del

Muro de Berlín, el 11S o la llegada del hombre a la Luna, uno no puede situar al acontecimiento histórico Maradona en una tarde concreta. Siempre, de un modo u otro, anduvo por ahí regateando, mejor o peor. Conocí al mito poco tiempo antes de aquellos partidos en el albero. En los cromos de Panini del Mundial Italia 90, en los que conseguir la estampa de Maradona ilusionaba más que rellenar el álbum completo. No había otro como el suyo, no había otro cromo al que le bastase con una sonrisa en foto congelada, una enorme peluca y una camiseta de rayas blancas y celestes para transmitir toneladas de fútbol. Toneladas de vida e ilusión. Ilusión, porque lo que Maradona hacía, a ojos de un niño, más que fútbol era magia. Tras conocerlo en estático en los cromos de Panini, conocía a Maradona en movimiento en unas cintas de la revista *Tiempo* que guardaba mi padre y que repasaban Mundiales anteriores en los que yo, o no había nacido o no tenía recuerdos. Destrocé aquella cinta de tanto darle al botón del *pause* en el Mundial de México en el que a Maradona le bastaron cinco minutos para marcar el gol más tramposo de la historia y también el más hermoso.

Años después, como en un truco de magia imposible digno de Maradona, el pibe apareció por la Sevilla del 92. En aquel año y en aquella Sevilla todo parecía posible. Vimos crecer una nueva ciudad, llegaron las autovías, se inventaron trenes de alta velocidad y recibimos a millones de visitantes exóticos llegados desde distintos sitios del planeta. Sitios que no sabías que existían. A pesar de la sobredosis de estímulos, que Maradona se mudase a Sevilla parecía un exceso. Y lo era. Quien llegó desde miles de kilómetros para instalarse a pocos metros del campo de albero en el que se le imitaba no era ya el Maradona de las cintas

VHS, sino una parte de su sombra. Porque la obligación de un héroe también es recordarle al planeta que lo observa y admira que la vida es carne, hueso y decepción. A veces, como en su relación con las mujeres, demasiada decepción. Maradona llegó al Sevilla de Bilardo para recordarle a mi generación, sentada en primera fila, que la vida, incluso para los superhéroes, es un lugar frágil. Un lugar en el que el éxito y la admiración no son un servicio de tarifa plana eterna que uno, por mucho dinero que tenga, pueda mantener. Maradona llegó al mundo que yo habitaba para, con el ejemplo práctico, impartir una de esas clases magistrales o charlas TED que tan de moda se pondrían años después con la llegada del nuevo siglo. Maradona nos introdujo, a aquellos que éramos niños de albero en la Sevilla de los noventa, lo que vendría después de la felicidad de la infancia y la pelota dando botes. Nos mostró los problemas, las frustraciones, las decepciones... Nos mostró la foto completa de la vida. Nos enseñó que la vida real, la que viene cuando acaban la infancia y los grandes titulares contando hazañas contra Inglaterra, tiene trampas y letra pequeña.

De los 29 partidos de Maradona en el Sevilla, de su paso por la ciudad, sólo se recuerdan a día de hoy dos cosas. Aquella tarde en la que, frente al Zaragoza, de camino a sacar un córner, el argentino se encontró en el césped una bola de papel de plata, de ésas de envolver bocadillos que se comen en la grada de un estadio. Como un niño cuando se cruza con un charco, Maradona lo dejó todo en ese momento en que vio la pequeña bola. Dejó el fútbol profesional, dejó aquel partido contra el Zaragoza que poco le importaba y dejó de darse cuenta de que estaba rodeado por cincuenta mil personas para hacer una parada de camino al trabajo —sacar aquel córner—. Detenido el mundo,

Maradona levantó la bola de papel de aluminio con la punta de la bota derecha (la mala) y se dedicó, durante unos segundos, a darle unos toques imposibles antes de sacarla del césped con un taconazo y seguir con la farsa que suponía tener que seguir trabajando, tener que sacar aquel córner, seguir jugando un partido de fútbol profesional y dejar de ser niño.

También ha quedado en el imaginario colectivo la relación del argentino con Pinedita, un joven canterano del Sevilla al que, según dicen las malas lenguas, Maradona se llevaba de fiesta una noche sí y otra también hasta descarriarlo y joderle la carrera. Quién sabe hasta dónde hubiera llegado la carrera de aquel chaval si no le hubiese tocado compartir vestuario, amistad y fiestas con un mito. Quién sabe si Maradona tuvo realmente la culpa o no de que aquel canterano no llegase a estrella. En cualquier caso, ¿qué más da? Pinedita hoy no tiene una vitrina de títulos, pero sí de anécdotas que contar —y otras que ocultar— vividas junto al mito de toda una generación, junto al icono del fútbol mundial. Una de las que puede contar y cuenta es aquella en la que, antes de lanzar una falta, colocados los dos ante el balón, Pinedita le habló de tú a tú a Maradona, que es como se les habla a los amigos: «¿La tiras tú o la tiro yo?». Antes de que Maradona pudiera responderle, Pinedita se adelantó a responderse a sí mismo: «Qué tontería he dicho, perdona». Creo que Maradona le hubiera dejado tirarla. Porque el Maradona posterior a los cromos, a las cintas de VHS, a los Mundiales y a las grandes hazañas lo único que quería ganar era cariño.

29 años después de su paso por Sevilla, una pintada aparecida un par de semanas después de su muerte en la calle en la que ahora vivo, una calle sin albero en un barrio y una época

diferente, homenajea al Diego Armando Maradona de mi infancia, el Maradona de antes de aparecer por mi ciudad, el de la camiseta albiceleste de rizos alegres y goles mágicos. Aunque nos demostrase con creces que en la vida no todos los partidos se ganan, me alegra verlo tan bien cada mañana.

Un debate flamenco y maradoniano

Pastora Filigrana,
abogada y activista antirracista

«El fervor popular por el Diego siempre me recordó al que hay en mi tierra por Camarón. Un orgullo subalterno de ver a uno de los tuyos en lo más alto sin dejar de serlo. DEP Maradona». El 25 de noviembre de 2020 escribí esto en mis redes sociales por el fallecimiento de Diego Armando Maradona y recibí reproches y aplausos por igual.

Era el día contra las violencias machista y a Maradona se le acusaba de haber sido un maltratador. Sin embargo, su fallecimiento ocupaba las portadas de la prensa e invisibilizaba las movilizaciones y actos que se habían celebrado por el #25N. La polémica estaba servida. En uno de los polos del debate se alzaban los argumentos «si eres aliado feminista no puedes lamentar la muerte de un maltratador», «no se puede ser feminista y llorar a un machista». El debate llegó a polarizarse al extremo y brotaron acusaciones de complicidad con la violencia machista a quienes nos habíamos detenido a dar el pésame. La consigna era «debemos revisarnos los ídolos».

Fue inevitable que las feministas maradonianas se posicionaran. Reivindicaban su derecho a llorar libremente y a escoger a quién admirar a pesar de las contradicciones. Hubo que detenerse a explicar conceptos complejos como «el sentir popular». La activista Victoria Canalla lo resumía así en una publicación en redes sociales: «Les molesta que lloremos a Diego. No pisaron una villa miseria en su vida, han tenido hijos porque se lo cuidamos nosotras pero nos pagan mierda y le importan tres carajos si nuestro estatus migratorio nos permite vivir como ellas. #BlaquitudFeminista».

Como apuntaba Victoria, para abordar este debate en profundidad es imposible obviar el factor de clase y colonialidad que lo atraviesa. El *acá* y el *allá* se evidenciaban más allá de una mera geografía. Antes de entrarle al tema con argumentos teóricos le entraré con una realidad material. En mi entorno fue palpable y evidente qué feministas se posicionaban en cada uno de los polos del debate. Revisé la publicación de muchas compañeras y pedí opinión a otras muchas, y casi pude adivinar cuál sería la opinión de cada una simplemente sabiendo la posición social que ocupaban. No fallaba, la mayoría de las migrantes lloraron al Diego. Si la pandemia nos hubiera permitido tener estos debates en asambleas presenciales la línea del *acá* y el *allá* se hubiera evidenciado aún más. Las voces y colores que había detrás de cada postura me hubieran dado la razón.

Encajar los fenómenos populares en un marco ético e ideológico previo es una tarea difícil, quizás imposible. Demasiadas veces la realidad se aleja del ideal político y nos enfadamos con ella antes de intentar entenderla para poder incidir. Mi tuit era sincero. Cuando viví en Buenos Aires vi de cerca lo flamenco que eran los maradonianos. El paralelismo entre el Diego y Camarón en mi mente y mi sentir fue inmediato. A Camarón lo amaban sobre todo los gitanos. Querían tocarlo, que bendijera a sus hijos, y arrancarle un mechón de pelo como reliquia. Todos los gitanos lloraron su muerte con dolor, todos y cada uno me atrevo a afirmar. La opinión de la izquierda ideológica suele tachar este tipo de fenómenos de idolatría, un fenómeno irracional y peligroso que obstaculiza la emancipación del pueblo.

Yo lo veo diferente, una cuestión de clase, raza y colonialiad lo explica. José Monje Cruz, Camarón de la Isla, era un gitano que nació en la zona más pobre de Andalucía. El destino económico que le hubiera esperado era la precariedad laboral y material si no hubiera tenido *la garganta de Dios*. Llegó a cantar con la orquesta filarmónica de Londres y recibió la admiración y aplauso del mundo entero, de los ricos y los payos. Pero siguió siendo gitano, se casó con una mujer gitana de familia humilde, a pesar de ser ya una estrella, y fue fiel a los valores y principios de su comunidad. La deshumanización a la que condena el racismo y la pobreza es tan grande que cuando ves a uno de los tuyos humanizado y admirado en parte también te están dignificando a ti, y esto consuela y alegra. Esto hay que entenderlo si se quiere transformar el mundo.

No estoy comparando la figura de Camarón y Diego, estoy comparando el fenómeno popular que ambos causaron y su componente de clase y colonialidad.

Sin duda, las actitudes personales merecen crítica y toda condena a la violencia machista es insuficiente. La polémica vida de Maradona había que confrontarla y el feminismo tiene ese deber. La cuestión es cómo se hace esto sin colocar en un lugar de inferioridad a quienes le admiraron y lloraron, y máxime teniendo en cuenta que coinciden en gran número con el mismo grupo de personas que el orden socioeconómico coloca en un lugar de subhumanidad. El orden económico capitalista pone diferentes precios a la vida y la fuerza de trabajo de las personas dependiendo del lugar y el territorio que habitan. El patrón a partir del que se pone el precio a la fuerza de trabajo es el varón blanco que habita Occidente; a medida que nos alejamos de ese ideal, el precio de la vida y el trabajo se abarata. Ésta es la alianza indiscutible del capitalismo-patriarcado-racismo-colonialidad. Para llevar a cabo esta injusta distribución de la riqueza y el trabajo y justificar el despojo sistemático al que el orden económico condena a millones de personas cada día es necesario justificar esta jerarquía. El patriarcado y el racismo hacen esa función, mantener un imaginario que coloca la responsabilidad de la pobreza en los pobres por su propia idiosincrasia. Los «otros» siempre son demasiado vagos, no votan bien, son machistas, irracionales, subdesarrollados y primitivos. No es el orden económico el responsable de la pobreza en el mundo, es el subdesarrollo de los pobres, que no saben competir. Éste es el discurso hegemónico.

La cuestión se complica cuando la disidencia política combate el orden socioeconómico sin cuestionar esta subjetividad que jerarquiza la humanidad. ¿Por qué siempre los musulmanes, los gitanos, los sures y los pobres nos parecen más machistas, irracionales y primitivos? Cuando el discurso feminista manda a deconstruirse a los sectores más populares y les exige revisar sus ídolos está afianzando esta subjetividad jerárquica.

No hay recetas infalibles y la acción política requiere reflexión continua y poco dogmatismo. Tomar una postura crítica frente al aplauso a un machista sin caer en una mirada supremacista respecto a quienes le aplauden no es una tarea fácil y a nadie se le pide un equilibrio heroico. Sin embargo, considero que cuando la crítica se le hace a la misma gente que el sistema socioeconómico se lo pone más difícil, cuanto menos hay que situarse en estado de duda o cautela. Quizás decir lo mismo que se quiere decir, pero hacerlo tomando conciencia de la mirada situada desde la que se aborda el fenómeno. Quizás sería bueno que esto lo hiciéramos en cada acto político, ser consciente desde qué posición social, racial y económica se mira al mundo y salirnos del pretendido lugar de objetividad donde demasiadas veces la izquierda y el feminismo blanco y occidental se sitúan.

Definir el fervor popular se me hace difícil. Tampoco es fácil explicar qué se entiende por «lo flamenco» o «lo maradoniano», no es una tarea fácil, quizás porque es lo contrario a la escritura o la palabra. Tal vez es una disidencia vital, no ideológica, una rebeldía frente al modelo ideal de pensar, sentir y actuar que impone el orden vigente. Un desafío al orden que te expulsa y te dificulta la vida digna.

El fervor como fenómeno contrario a la racionalidad no casa bien en el paradigma del pensamiento occidental, tanto en el hegemónico como en el disidente. Si además es un fervor compartido por muchos y se convierte en masivo o popular, puede generar incluso miedo a quien pretende defender un orden. Quizás este miedo es legítimo, pues el fervor puede alumbrar la revolución pero también el totalitarismo. El reto está en poner estas pasiones compartidas del lado de un horizonte emancipador, y no pedir que se contenga y deconstruyan en pos de un ideal racionalista, máxime cuando nacen de un dolor subalterno de clase y raza.

Al fin y al cabo, la convicción racional y los argumentos ideológicos han resultado insuficientes en la historia para hacer una revolución. Ha sido necesario que se acompañaran de un sentir, un fervor y una pasión por una causa compartida por grandes mayorías.

Sin duda, la revolución que dé lugar a un mundo más justo e igualitario nacerá de una emoción parecida a la que sentían quienes saltaban la valla de la Casa Rosada para despedir al Diego.

MARADONA, POPULISTA

DANIEL Gamper,[1]
*profesor de Filosofía política en la UAB
y socio del Barça*

Diego es napolitano antes de llegar a Nápoles. Corrado Ferlaino al ficharlo no hizo más que colaborar en el cumplimiento de un designio. La formación del mito requería su resurrección (como él mismo la llama en su autobiografía, *Yo soy el Diego*) tras las frustraciones barcelonesas y barcelonistas. Luego llegaría la gloria. Diego tenía que jugar en el Nápoles; buscaba un espejo transatlántico de Buenos Aires y lo halló en la ciudad menos europea de Europa. Nápoles: el biotopo perfecto para gambetear sobre el pasto y extenderse por el pueblo.

Diego jugaba para el pueblo y hablaba en nombre del pueblo. Lenguaraz, tan rápido de reflejos ante el micrófono como ante el balón, sentencioso desde la simplicidad, de aspecto simpático, bajito y con tendencia a coger peso como los napolitanos, Maradona es un chico con quien todos se pueden identificar, porque es simple, generoso, uno de ellos, un amigo, un miembro de la familia. La identificación le permite hablar en nombre de toda la ciudad, denunciar la cuestión meridional, rebelarse ante las instituciones, tomar partido sin medias tintas, sin miedo a contradecirse, en definitiva, ser un líder populista. Basta verlo en su célebre presentación en el San Paolo, su

---

1. Agradezco a Marco Ottaiano, insuperable cicerón napolitano, sin cuya conversación no habría podido escribir esto.

sonrisa límpida y amable, lanzando besos a unas gradas enfervorizadas que parecen ya prever lo que estaba por llegar. El futbolista profesional de hoy, convertido en marca de sí mismo y administrador de su imagen, se mueve por la cancha a miles de quilómetros de distancia del público, vive ajeno a la masa. Diego rompe la barrera jerárquica con la curva, y saluda desde la hierba a sus nuevos amigos, una hinchada que ha sido vencida de antemano por el magnetismo del Pelusa. Les lanza besos como si se hubiera reencontrado con la afición de Boca, sólo que ahora en el sur de Italia, y lejos ya de la frialdad operística y burguesa del Camp Nou.

Diego es el populista consumado. Se hace portavoz del dolor de un pueblo y le regala la alegría máxima, le hace creer que los éxitos deportivos no son sólo simbólicos. Diego llega y se inicia un sueño que, por una vez en la historia, se realizará. Un buen día, los aficionados se pellizcaron para cerciorarse de que no estaban soñando y de que sí, en efecto, le acaban de meter tres goles a la Juve y puede que ganen la competición. Tras dos *scudetti* y una UEFA, en Nápoles se da la utopía, una felicidad que llena los corazones de casi todos. A diferencia de la deslumbrante Ciudad del Sol de Campanella, esta utopía napolitana sí que existió y su luz aún no se ha apagado. Sigue brillando, pero siempre a espaldas del equipo y de la ciudad, que cuando miran enfrente sólo ven su propia sombra. La utopía ya fue y se fue con Diego, 259 partidos después, casi a escondidas, huyendo de su propia casa. Diego se largó y dejó al pueblo en el laberinto de una utopía inalcanzable. Un horizonte retrospectivo al que el supersticioso pueblo napolitano se agarra como un amuleto, esperando que el vigor de ese recuerdo hienda la realidad.

En esos años, el hijo de doña Tota y don Diego consiguió también el Mundial, pero él mismo confesó tras ganar el segundo *scudetto*, sobre el pasto, rodeado de gente, casi sin aliento, que este título era el más importante, porque «aquí tengo mi casa». Nápoles es la casa de Diego, la familia que lo acoge, el grupo de amigos que nunca lo abandonará. Una casa de la que, sin embargo, huyó, asediado por mil y un problemas que no podía más que crearse. El éxito deportivo, el dinero desproporcionado, la juventud, los conocidos que querían ser amigos, las malas compañías siempre al acecho, su propio carácter díscolo y directo, lo expulsaron de la ciudad, de malas maneras, sin despedirse. Pero el mito siguió viviendo y los iconos maradonianos, que en algunas partes de la ciudad no estaban en buen estado, han sido remozados y multiplicados exponencialmente tras la muerte del ídolo.

Su imagen se reproduce en todas partes. Cualquier camarero de diecinueve años tiene un tatuaje de Diego y centenares de sus fotos en el móvil. Llevan el icono del más grande futbolista plebeyo. No lo han visto jugar en vivo, sólo tienen el relato que se repite sin pausa por la ciudad desde hace treinta años y los centenares de vídeos con sus mejores jugadas, sus bromas, sus detalles técnicos, sus calentamientos, sus declaraciones, su bellísima sonrisa y su atlética y fornida figura, Diego que exulta, Diego que trabaja. Y, luego, el Diego caído, Diego destruido por las drogas, desorientado, un chico que se ha hecho mayor no sabe cómo y que es como todos, vulnerable, débil.

En una ciudad encerrada en sí misma, que vive entre los monumentos de un pasado glorioso y que ahora parece detenida en un presente eterno, la glorificación del Pelusa es el antídoto a la desesperanza. El anhelo compartido con los amigos es un buen cobijo para mantenerse inasequible al desaliento y asistir semana sí semana, semana no, al San Paolo (ahora Diego Armando Maradona) sabiendo que lo normal es perder.

Mientras aún vivía, el icono ya campeaba en casi todas las tiendas, en los talleres de coches, en las paredes, en las camisetas, en la moto, en la carpeta de apuntes. La devoción ha crecido tras su muerte. Algunos lo tratan de santo, cosa razonable si nos atenemos a sus milagros sobre la hierba, a su humanidad trágica. Se confunden los grafitis de Diego con las capillitas que adornan las esquinas de los barrios populares. Todos buscan la protección de algo más grande que ellos: Diego como recuerdo colectivo de un pueblo que decide tomarse muy en serio un juego, porque a través del juego alcanza algo que la seria realidad le niega.

La *Associazione Calcio Napoli*, fundada en 1926 por iniciativa de Giorgio Ascarelli, es *la squadra di tutti*. Tal vez sea la única ciudad de su tamaño en Europa que no cuenta con un rival local mediano o pequeño. Todos son del Nápoles, con independencia de clases sociales, incluyendo el variopinto *hinterland* napolitano. Todos se sienten representados por el pibe. El culto es monoteísta e intenso, lo cual en la práctica significa una gran capacidad para soportar las frustraciones y luego olvidarlas, arrullados los creyentes cada noche por el recuerdo magnificado de la utopía que aconteció.

El equipo vive aún atenazado por los éxitos que fueron. Desde hace años se ha retirado el número 10, lo cual ha dejado un vacío en el centro del ataque napolitano que nadie puede cubrir y con el que todos deben medirse. Quienesquiera que atraigan el amor de los aficionados, ya sean el Pocho Lavezzi, Cavani, el ahora odiado Pipita, Mertens o Lorenzo Insigne, no están nunca a la altura, pues tienen que imitar a un santo y no saben cómo se hace. Nadie tiene esa técnica, ni su coraje y astucia. Nadie con esa luz. El equipo juega siempre con diez jugadores y sin el diez, esperando vanamente que alguien conjure el milagro y de nuevo sean lo que llegaron a ser. El pasado, en el fútbol, se hace sentir en la cancha. Que la pelota entre o no y que los jugadores crean que es posible vencer depende también de si el recuerdo ejerce de lastre, de urgencia o de talismán.

El pueblo llora la muerte de su hermano. Diego no es un ídolo, ni un héroe; es uno más.